IOANNIS TZIVANAKIS

Lebens-
Meisterschaft
entschlüsselt

ITV

Inhalt

Für meine Lehrerin

„Menschen spüren zuerst das Notwendige, dann suchen sie das Nützliche, dann kümmern sie sich um Bequemlichkeit, später amüsieren sie sich mit Vergnügen, dann werden sie von Luxus verdorben, schließlich werden sie verrückt und verschwenden ihre Substanz."

Giambattista Vico

Einleitung

Die Entschlüsselung von Lebensmeisterschaft ist zwar nicht nur einfach, gleichzeitig aber ist sie klar und transparent, und gegeben vom Leben selbst.

Es gilt daher, in offener und spürender Empfänglichkeit das Leben in seiner Ganzheitlichkeit in unseren gesunden Leib und Verstand hineinzulassen.

Nach einer Einführung in das Thema des Buches im Prolog finden wir im ersten Teil des Buches die Grundlagen der Veränderungsintelligenz, auf der alles Leben und die gesamte manifestierte Wirklichkeit in ihrem Werden und Geschehen beruhen.

Die zwei wichtigen Schlüssel für intelligente und persönlich sinnvolle Lebenssteuerung finden wir im zweiten Teil des Buches.

Im dritten und umfangreichsten Teil tauchen wir ein in das Wesen und in die Bedeutsamkeit der sechs Meisterakte des Lebens, in denen auch die zwanzig wichtigsten Lebensfähigkeiten mit enthalten sind.

Das Durchdringen in das Wesen des guten Lebens, die Bedeutung der Lebenskräfte für ein intelligentes Handeln und die überragend bestimmende Kraft von Emotionen sind die Hauptinhalte des vierten und letzten Teils, in dem auch alle Lebensmeisterschafts-Schlüssel zusammenkommen:

Für ein mehrstufiges Erwachsensein und die tieferen oder höheren Dimensionen des Lebens.

Im Epilog wird dann abschließend der zweifache Sinn des Lebens dargestellt, so wie er durch die Wirklichkeit gegeben wird.

Prolog

Das erfüllende Leben

Auch wenn Lebensmeisterschaft sicherlich nichts Kleines bedeutet, da sie sich ja auf das Leben als Ganzes bezieht und sicherlich ein substanzielles Wissen und Können beinhalten sollte, kann sie enger oder breiter aufgefasst werden.

Lebensmeisterschaft kann einfach(er) sein, wenn die Lebensverhältnisse einfach sind und nicht überfrachtet mit übermäßigen Zielen und einer psychisch destruktiven Gier nach immer mehr. Gleichzeitig sind hierfür ein zurecht besungener gesunder Menschenverstand und eine ungetrübte Selbsterkenntnis und -Kenntnis wichtige Voraussetzungen.

Lebensmeisterschaft kann auch dann einfach(er) sein, wenn für eine grundsätzliche Lebenszufriedenheit nicht viel gebraucht wird, weil das alltäglich Kleine und Gewöhnliche genauso als wundersames Ereignis erkannt, gespürt und genossen werden kann wie eine meisterhafte musikalische Komposition, ein ästhetisch ergreifendes Gemälde oder ein weltverändernder wissenschaftlicher Durchbruch.

Leider jedoch wird das wichtige elementare und grundlegende Wissen und Können für das Leben nicht immer (ausreichend) vermittelt in unserer Bildungs-, Erziehungs- und Lebenskultur.

Und auch wenn es vom Ansatz her vermittelt und gefördert oder gefordert wird, lassen allgemeine Lebenszustände und persönliche und biographisch bedingte Wachstums- und Schicksalswege es oft nicht zu, dass wichtige Lebensfähigkeiten angemessen und ausreichend erfahren und verinnerlicht werden, wodurch eine zumindest rudimentäre Lebensmeisterschaft erreicht werden kann.

Schließlich wünschen sich viele, die grundsätzlich gut im Leben stehen, *Klarheit*, *Wissen* und *realisierbare Wachstumsmöglichkeiten*, um ihre Lebenszufriedenheit zu vervollständigen, weil einiges Wichtige *noch fehlt*, oder sie kontinuierlich zu vertiefen, weil der innere Lebens- und Seinsdrang noch *nicht* befriedigend *gestillt* ist.

Viele spielen ein Gedankenexperiment durch, um halb aus Spaß und halb aus realem Interesse herauszufinden oder herauszuarbeiten, woran erkennbar werden kann, was ein gutes Leben ist.

Worin besteht dieses Gedankenexperiment?

Es besteht in der Vorstellung, in welchen Worten, wenn wir schon fühlen, am Ende des Lebens angekommen zu sein, wir das gelebte Leben zusammenfassend beschreiben würden.

Durch solch eine Vorstellung, wenn wir sie denn wirklich spüren und ernst nehmen, mögen wir in der Tat mit der Herausforderung konfrontiert werden, herauszufinden und zu wissen, (1) was ein *gutes* oder sogar *das* gute Leben ist, und (2) wie es *verwirklicht* werden kann.

Durch das *Entschlüsseln* von Lebensmeisterschaft finden wir heraus,

(a) *worin* Lebensmeisterschaft besteht,

(b) welche *Meisterakte des Lebens* und welche *Lebensfähigkeiten* dafür erforderlich sind, und

(c) durch welche *Meilensteine* und an welchen *Lebenszuständen* erkennbar wird, welcher Grad und welche Qualität von Lebensmeisterschaft *verwirklicht* ist.

Teil I:

Die große Mutter des Werdens

1. Der Fluss der Wirklichkeit

Wenn wir uns unsere Welt anschauen und vielleicht genauer betrachten oder etwas neugieriger beobachten, so können wir feststellen, dass von einer gigantischen Fülle von Eigenschaften, die unsere Welt charakterisieren... und sogar ausmachen, d.h. sie in ihrem Wesen bestimmen, eine Eigenschaft überall und ununterbrochen präsent und aktiv ist...

In diesem gigantischen Panorama, das sich für uns Menschen aus Materie und Bewusstsein oder aus dem Physischen, dem Psychischen und dem Geistigen zusammensetzt, in diesem Zusammenspiel des Erfassbaren mit dem Wundersamen und des Banalen mit dem Außergewöhnlichen ragt ein Grundgeschehen hervor; ...durchdringt ein Hauptakt alles Sein. Na ja; ...zumindest fast alles Sein!

Was ist dieses Grundgeschehen? Die Antwort kann nicht überraschen. Sie lautet nämlich *Veränderung*. Ich meine die Tatsache, dass sich unsere Welt

- inklusive unserer selbst - in ständigem Wandel befindet; im Prozess des unaufhörlichen und auch unaufhaltsamen Werdens und Vergehens.

Dies ist sicherlich keine neue Erkenntnis; nicht mal eine besondere, geschweige denn scharfsinnige Beobachtung! Um ständige Veränderung festzustellen, reicht es doch vollkommen aus, wenn wir einen unmittelbaren und kurzen Blick ins großartige Spektakel der Natur werfen, in die alltäglichen amöbenartigen Umwandlungen unserer zivilisierten menschlichen Gesellschaft oder vielleicht auch in unser allzu sehr vertrautes und facettenreiches Innenleben.

Ob es die Jahreszeiten sind, die in den letzten Jahrzehnten ziemlich verwirrte Schritte und Rhythmen tanzen, ob es die wirtschaftlichen Turbulenzen in einer inzwischen unübersichtlich hektischen Welt sind oder die unergründlich komplexen Ursachen unserer emotionalen Umstimmbarkeit, in allen Dimensionen, in allen Erscheinungsweisen unserer Existenz verbirgt sich und vollzieht sich Veränderung.

2. Entstehen, Werden, Vergehen

„Alles ist im Fluss", sagte Heraklit schon vor zweieinhalbtausend Jahren. Alles verändert sich. Und zwar ständig.

Es wird immer wieder die Frage in mir wach, woran das liegt, dass sich alles ständig verändert. Und die beste Antwort, die dann zu mir kommt, ist, dass Veränderung ein immanenter Grundzug der Natur sein muss, ein unantastbares physikalisches Urgesetz.

In den Ergebnissen oder vielmehr Beobachtungen der physikalischen Forschung, die längst an ihre Grenzen angekommen zu sein scheint, kann Veränderung auch in den kleinsten Bausteinen aller Materie festgestellt werden. Ob das die Elektronen sind oder Quarks oder Superstrings oder noch andere kleinere, noch unbenannte und vielleicht auch noch unergründbarere Teilchen oder sonstige Wesenheiten oder Entitäten… In einer räumlich gigantischen Weite unergründbaren Ausmaßes befinden sich die Bausteine, aus denen alles besteht, in Bewegung. Sie bewegen sich, so scheint es, nach – auch wenn letztendlich nicht leicht bestimmbaren – naturgegebenen Gesetzen. Diese Bewegung, diese Abwesenheit von lebloser Stille und Stagnation löst und macht Veränderung aus.

Die physikalische Tatsache von Bewegung könnte man also als eine Art Antwort auf das erste Warum von ständiger Veränderung verstehen. Nur, ...eine weitere Antwort, nämlich auf das darauffolgende Warum, welches wäre "Warum und wodurch existiert oder entsteht diese Bewegung?", ist nicht in Sicht. Sicherlich könnte man das Ganze weiterführen und behaupten oder annehmen, dass die Bewegungsnotwendigkeit der kleinsten Materieteilchen aus der Existenz einer enormen Energiequantität resultiert, woher diese auch immer kommt! Andere wiederum fänden die umgekehrte Reihenfolge stichhaltiger: Energie entsteht erst durch Bewegung. Hm...

Wie auch immer. Das Warum oder die Warums bleiben in ihrer fragenden Essenz unangetastet bestehen, galoppieren unbeirrt und wuchtig weiter und führen unweigerlich zur Frage, die schon Leibniz in folgender Formulierung stellte und die einen stursinnigen und größenwahnsinnigen Verstand zu sprengen vermag, nämlich: Warum gibt es überhaupt etwas und nicht vielmehr nichts?

Doch davon wollen wir uns jetzt nicht beeindrucken lassen, da diese ersten oder letzten philosophischen Fragen nicht unser Behandlungsobjekt darstellen. Stattdessen nehmen wir die faktische Gegebenheit, dass alles sich ständig verändert, hin, da wir das allem Anschein nach nicht ändern können! Wir finden uns damit ab, umarmen diese Tatsache, möglicherweise sogar bejahend und freudig, und nehmen - gelassen wäre mein Vorschlag - teil an dieser spektakulären und atemberaubenden Veränderungsmaschinerie, jeder auf seine das eigene Glück maximierende und die eigenen Werte realisierende Weise.

Wir haben keine Wahl, d.h. wir können die Tatsache nicht verleugnen noch verdrängen oder ignorieren, dass wir an unaufhörlicher Veränderung mit Leib und Seele teilnehmen bzw. ganz und gar selbst ein Teil von Veränderung sind! Auch wenn wir es nicht entschieden haben. Oder stellt sich vielleicht diese Frage gar nicht?

Als menschliche Wesen sind wir ein prächtig vielfältiges Exemplar mehrdimensionaler Veränderung; denn wir sind lebendige Organismen und als solche exemplifizieren wir eine intensivere und deshalb offensichtlichere Version sich manifestierender Veränderung, als dies anorganische, d.h. leblose, „lebens"unfähige Materie vermöchte!

Die physikalischen Kräfte, die sowohl in der anorganischen als auch in der organischen Materie wirken und den Prozess der Veränderung auslösen und auch steuern, sind dieselben.

Darüber hinaus gibt es natürlich auch die Bereiche des Geistigen und des Psychischen und weiter noch die der Vorstellung und des Traums oder des Parapsychologischen und Metaphysischen, in denen die die Veränderung bewirkenden Kräfte oder Gesetze sich von denen unseres physikalischen Universums zu unterscheiden scheinen.

Doch in allen diesen Sphären, in denen sich Werdendes, Vergehendes und Entstehendes ereignen, bleibt der Prozess der Veränderung identisch. Egal wo oder wie Veränderung stattfindet, der Akt, der sich dabei vollzieht, ist im Wesentlichen derselbe. Das zeigt sich uns sehr deutlich, wenn wir ein klares Bild davon bekommen, was denn Veränderung eigentlich ist.

Was genau findet statt oder geschieht, das wir Veränderung nennen?

3. Die innere Logik von Veränderung

Veränderung ist das Geschehen, innerhalb dessen etwas zu etwas anderem wird. Zum Beispiel ein winterlicher, kahler Baum, der sich in eine sattgrüne, sommerliche Baumpracht verwandelt, eine kriechende Raupe, die sich in einen fliegenden Schmetterling transformiert, ein müder menschlicher Körper, der durch Schlaf und Bewegung durch frische Energie vibriert, ein leuchtendes Staubkorn, das in der Luft fliegend seine Raumkoordinaten wechselt, ein auf wackeligen Füßen neugeborenes Schaf, das nach einiger Zeit mit bestechender Sicherheit unebenste Erde beschreitet, ein romantischer See, der nach langer Dürrezeit zu einem riesigen trockenen Loch verkommt oder ein schüchtern schweigsames Mädchen, das nach dreißig Jahren zu einer mächtigen Managerin mutiert – um nur einige Beispiele zu nennen.

Die Definition von ‚Veränderung' als das Geschehen, innerhalb dessen etwas zu etwas anderem wird, bedeutet, dass alles, einiges oder mindestens

„...wir hatten kein Mitspracherecht
beim Eintreten in die Existenz:
wir wachten einfach auf
und fanden uns in einer Welt wieder."

Bryan Magee

ein Teil der Totalität, die ein noch nicht verändertes Etwas ausmacht, zu etwas anderem wird, zu einem „neuen" Etwas.

‚Zu-etwas-anderem-werden' beinhaltet verschiedene Möglichkeiten, die sowohl qualitativ als auch quantitativ sein können.

4. Wie verändert sich denn etwas?

Wenn ich hinsichtlich meiner Körpermasse zunehme, ist die Veränderungsart ja ziemlich offensichtlich. Diese Art der Veränderung, bei der vorrangig – zu einem gegebenen Zeitpunkt – zu einem X etwas energetisch-bleibend hinzugefügt wird, umfasst die Kategorie oder Familie der *additiven* Veränderungen.

Im umgekehrten Fall, wenn sich also vorrangig – zu einem gegebenen Zeitpunkt – etwas von einem X energetisch-bleibend entfernt, dann sprächen wir von der Familie der *subtraktiven* Veränderungen. Dies wäre zum Beispiel der Fall, wenn ich mit einem nassen oder/und saugfähigen Wischtuch den ganzen Staub aus meinem Arbeitszimmer entferne.

Die *transformativen* Veränderungen schließlich bilden die dritte und letzte Familie. Bei dieser Veränderungsart richtet sich der Fokus vorrangig auf die Angeordnetheitsumformung der energetischen Ansammlung, die ein Etwas in seiner Gesamtheit ausmacht. Beim zuletzt genannten Beispiel bewirkt

mein frisch entstaubtes Arbeitszimmer eine angenehme Veränderung in meiner Befindlichkeit.

In diesem Fall wird also meine Befindlichkeit
zu einem gegebenen Zeitpunkt vorrangig transformiert. Fühlte ich mich zum Beispiel vorher benebelt,
so wurde nach dem Aufräumen meine Befindlichkeit gleich mit aufgefrischt.

Bei einer transformativen Veränderung geht es
vorrangig darum, dass von einem Etwas oder von
einer Entität im Großen und Ganzen nichts entfernt
oder weggenommen wird und auch, dass nichts zu
ihr hinzugefügt wird, sondern dass sich diese Entität transformiert, d.h. sich die Struktur oder Konfi-
guration aller Teilentitäten, die sie insgesamt exakt
ausmachen, verändert. Es geht hier also im Wesentlichen um eine *Umstrukturierung*.

5. Das Spektrum von Veränderung

Bei jeder dieser oben genannten Veränderungsarten verändert sich *nur vorrangig* etwas ausschließlich additiv, subtraktiv oder transformativ.

Wenn ich also wie beim letzten Beispiel das Arbeitszimmer aufräume, weil ich mich dadurch wohler fühlen will, so können wir von einer vorrangig *transformativen* Veränderung reden, nämlich der meines *Zustandes*, denn das ist die Veränderung, um die es mir überhaupt oder mindestens direkt ging. Die andere Veränderung, die des Sauberkeitszustandes des Arbeitszimmers, können wir indirekt oder instrumentell nennen.

Auch darüber hinaus kann es zusätzliche Veränderungen geben, die parallel <u>zu</u> und verursacht <u>von</u> einer direkt intendierten oder instrumentell benutzten Veränderung stattfinden. Nehmen wir also an, ich teile mein Arbeitszimmer mit jemand anderem, und in meinem Sauberkeitseifer entferne ich ein papierkorbtaugliches und auf dem Boden liegendes zerknülltes Blatt in dem untrüglichen Bewusstsein, etwas Gutes zu tun. Am nächsten Tag fragt mich mein Mitarbeiter mit panischem Gesichtsausdruck und einem explosiv anmutenden Ton, ob ich vielleicht das Blatt mit der Grafik X gesehen habe. Im Gespräch stellt sich heraus, dass es sehr wohl möglich ist, dass er das besagte Blatt zerknüllt und auf den Boden geschmissen hat... Was also ist die Moral der Geschichte?

Jede von mir intendierte Veränderung kann eine oder mehrere zusätzlichen Veränderungen mit sich bringen. Das geschieht mit so gut wie jeder Veränderung überhaupt und nicht nur mit den von mir intendierten.

Jedes Geschehen und somit auch jedes Handeln findet nicht isoliert im Vakuum statt, sondern betrifft mehrere unterschiedliche Ebenen. Das liegt an der Interkonnektivität – an dem Miteinanderzusammenhängen und -verbundensein – aller Teile unseres physikalischen Universums.

Also kann es, jedes Mal wenn ich etwas bewusst verändern will, nicht schaden, ein breites oder breiteres Bewusstsein als zuvor zu haben darüber, welchen Wirkungsradius die von mir vorrangig intendierte Veränderung haben kann oder sogar hat.

Solches Bewusstsein kann es mir nicht nur ermöglichen, vorsichtig zu sein und Unangenehmes oder Ungewolltes zu vermeiden, sondern auch gezielter, veränderungsintelligenter oder auch vielschichtiger und deshalb z.B. multieffektiv oder zeitökonomischer zu handeln.

6. Die Wurzeln der Lebensintelligenz

Veränderungsintelligentes Bewusstsein ist eine der wirksamsten Voraussetzungen für lernintelligentes Handeln und somit für eine effektivere Lebenssteuerung.

Lernhandlungen können einen vorrangig additiven (ich lerne das Radfahren), einen vorrangig subtraktiven (ich gewöhne mir das Rauchen ab) oder einen vorrangig transformativen (ich lerne, besser zuzuhören) Effekt haben und Ergebnisse mit sich bringen, die (1) unerwünscht sind (ich bin erschöpft und weiß wenig, im Vergleich mit der Lernzeit, die ich investiert habe, weil ich mir keine Erholungspausen genehmigt habe) oder (2) auf vorteilhafte Weise vielschichtig wirken (ich lerne einen neuen Tanz und lerne dabei auch, besser zuzuhören: meiner Partnerin und dem Tanzlehrer. Oder ich nutze die Pausen während meiner Lernarbeit so, dass ich mich entweder im eigenen Raum oder im Park körperlich betätige. Somit erhole ich mich geistig und steigere gleichzeitig mein allgemeines körperliches

Wohlbefinden). Pausen müssen nicht immer Nichtstun bedeuten; manchmal jedoch sind Nichtstun und völliges Loslassen genau das Richtige.

Als Wesen, die sich ständig verändern, in einer Welt, die sich ständig verändert, lernen wir so oder so die ganze Zeit. Allein dadurch, dass unser Fühlen, Wahrnehmen und Denken unaufhörlich mit Neuem konfrontiert werden, auch wenn wir nicht aktiv sind, durchleben wir neue Erfahrungen, die noch nicht da gewesene lebendige Informationen in uns hinterlassen. Diese Informationen können sowohl unser Wissen als auch unsere Fähigkeiten verändern. Und Lernen ist Veränderung von Wissen und Können durch Erfahrung: additiv, subtraktiv oder transformativ.

Es ist sinnvoll, bevor wir entscheiden, was wir lernen und wie wir leben wollen, dass wir die Bewegung der Wirklichkeit oder den Fluss der Veränderung in seinen unterschiedlichsten Spielarten ausgiebig beobachten und immer tiefer verstehen. Somit (a) nähren wir die Wurzeln einer lebendigen Lern-, Handlungs- und Lebensintelligenz, und (b) erfüllen eine der stärksten Voraussetzungen für ein gelingendes Leben. Durch *Mitwirken* an der *immer schon stattfindenden* Veränderung der Wirklichkeit.

Teil II:

Bewusste Lebensführung

7. Wirklichkeit und Transformation

Eine der wichtigsten Voraussetzungen für unser Wohlbefinden ist das Gefühl und der Zustand der Selbstkontrolle. Das bedeutet, das wir inmitten des vielschichtigen Werdens, das wir sind, und des vielschichtigen Werdens, das uns umgibt und an dem wir gleichzeitig teilnehmen, das Gefühl brauchen, dass das, was wir erfahren und erleben oder was mit uns geschieht, von uns entweder gewählt sein oder angenommen werden muss.

Etwas, das wir erleben oder das mit uns geschieht, kann oder wird nur dann von uns gewählt bzw. angenommen, wenn es mit unserer jeweiligen Befindlichkeit resoniert, d.h. mitschwingt. Neues können wir nur dann annehmen, wenn es uns gut tut oder uns mindestens etwas Gutes verspricht und nicht bedrohlich ist.

Gleichzeitig können wir nicht immer im Voraus wissen oder entscheiden, was die Wirkung von Neuem auf uns sein wird. So lassen wir oft Arten des Geschehens zu, die uns im ersten Augenblick

Gutes versprechen, aber sich später als bedrohlich entpuppen oder als bis zu einem bestimmten Grad kritisch für unser Wohlbefinden.

In einer Welt, die nicht nur unsere eigene bzw. selbstgewählte Spielwiese ist, sind eine Weite und Breite und Höhe und Tiefe an Wissen und Können erforderlich. So sind wir ermächtigt, sowohl die vielen möglichen Arten des bedrohlich Neuen – auch wenn immer relativ – verantwortlich zu handhaben als auch die Arten von Neuem anzunehmen und zu integrieren, die für das in uns innewohnende und unaufhaltsame Wachstumspotenzial bzw. Veränderungsgeschehen unerlässlich sind...

Lernen ist das Geschehen, bei dem wir als lebendiger Organismus mit sich naturgesetzlich verändernden Lebensinhalten in Berührung kommen, mit ihnen interagieren und dadurch verwandelt werden. Die Arten oder Formen dieser Verwandlung nennen wir gewöhnlich Veränderung, Wissenserwerb, Wachstum, Transformation.

Das Wissen über die Gesamtheit der Möglichkeiten, über die wir verfügen, um das Veränderungs- und Lerngeschehen, das uns transformiert, so gut wie möglich zu handhaben bzw. zu steuern, bezeichne ich lernkybernetisch.

8. Was ist Kybernetik?

Der Begriff ‚Kybernetik' wurde 1948 eingeführt von Norbert Wiener in „Cybernetics or Control and Communication in the Animal and the Machine" (deutsche Ausgabe: „Kybernetik. Regelung und Nachrichtenübertragung im Lebewesen und in der Maschine").

Heutzutage wird unter Kybernetik die Wissenschaft verstanden, die die Funktionsweise und Selbstregulierung komplexer Systeme untersucht. Das aktive Prinzip selbstregulierender komplexer Systeme ist das der Navigation, was auch die wortwörtliche Übersetzung von ‚Kybernetik' ist. Doch die zentrale Frage für ein tieferes Verständnis von Kybernetik betrifft meines Erachtens den Zweck, das Ziel, die Richtung und die Art der Navigation oder Steuerung. Wozu das Steuern und Navigieren? Um wohin zu gelangen und wie? Um was zu erreichen? Um worin oder als was zu sein? Die Antwort verbirgt sich im Begriff der Homöostase (Gleich-(Zu-)Stand).

Es gibt heutzutage viele technische Konstruktionen, die für die Aufrechterhaltung von bestimmten Umständen oder Zuständen zuständig sind, wie z.B. Klimaanlagen oder Elektrizitätsversorgungssysteme. Die sind für einen homöostatischen Standard zuständig, dafür also, dass sie z.B. die Temperatur, sollte sie von einem bestimmten Stand oder Standard abweichen, zu diesem (gleichen) Stand automatisch zurückbringen. Solange ihre Funktionstüchtigkeit intakt bleibt, gewährleisten diese Konstruktionen eine automatisierte Selbstregulierung eines eingestellten Zustandes; insofern sind sie kybernetische Systeme.

Weitere Beispiele kybernetischer Systeme? Die Gesamtheit aller Energie, das gesamte Universum, das gesamte physikalische Kräfte-System, die terrestrische Natur, das Wetter, das Ökosystem der Erde, alle lebendige Organismen, der Mensch, alle menschlichen Organe, alle menschlichen energetischen Kommunikationssysteme, das menschliche Gehirn, die menschliche Psyche. Und selbstverständlich noch viel mehr...

Warum nenne ich alle diese Systeme ‚kybernetisch'? Was ist deren gemeinsamer kybernetischer Kern? Eine homöostatisch oder äquilibrisch gesteuerte Bewegung oder Veränderung – im Ozean oder Raum der Wirklichkeit.

9. Grundlagen der Lebenskybernetik

Navigiere ich ein Flugzeug von A nach B, so wende ich aeronautisches, luftfahrtkybernetisches Wissen an.

Tue ich dasselbe mit einem Schiff, dann wende ich nautisches, seefahrtkybernetisches Wissen an.

Navigiere ich ein Raumschiff, dann betreibe ich Astronautik, Weltraumfahrtkybernetik.

In allen diesen Fällen steuere ich also die Bewegung eines Objekts von einem bestimmten Raumkoordinatenpunkt zu einem anderen. Mit anderen Worten betreibe ich hier eine Kybernetik der Bewegung verschiedener Beförderungsmittel – das griechische Verb ‚κυβερνώ‘ (kyberno), von dem sich ‚Kybernetik‘ ableitet, bedeutet eben steuern.

In allen diesen Fällen bringe ich also – d.h. ich steuere (κυβερνώ=kyberno) kontrolliert die Bewegung von – etwas von Ort A nach Ort B. Das kybernetische Wissen oder die dabei angewandte Kybernetik wird für das sichere Erreichen des Ortes B benötigt.

Zuerst (1) also verfolge ich eine Linie im Raum, damit ich mich von ihrem Anfang zu ihrem Ende begeben kann und dann (2) tue ich das auf eine Weise, die sicher ist, d.h. nicht nur mein Überleben sichert, sondern auch die Konstanz der Richtung zum Ziel mit der höchstmöglichen Minimierung einer Abweichungsgefahr gewährleistet. Das Sichere dieser Art und Weise besteht, wie oben schon genannt, im Aufrechterhalten einer Homöostase oder eines Äquilibriums, eines Gleichgewichts.

Lernen bedeutet Wissens- und deshalb auch Seinsveränderung. Beim Lernen verändere ich mein Sein, ein bestimmtes Sosein, indem ich mein Wissen verändere, die zu-etwas-befähigende lebendige Information also, die ich bin.

Der Lernvorgang, der Lernprozess ist ein Geschehen, ein Veränderungs"fluss". Das Lerngeschehen "fließt" von einem Zustand zu einem anderen. Es geschieht sowieso, d.h. sehr oft (nicht immer) auf natürliche und unbewusste Weise, und es kann auch bewusst geschehen; dazu möglicherweise sogar freiwillig und aktiv.

Habe ich nun (bewusst) ein Lernziel und will dort sicher ankommen, es sicher erreichen, und zwar so, dass ich nicht aus dem Gleichgewicht gerate und womöglich von meinem Weg ab, so muss ich *lernkybernetisch* vorgehen. Im Gleichgewicht - bleibend oder seiend - etwas sicher lernen ist also *lernkybernetisches* Handeln, *angewandte* Lernkybernetik.

Verfüge ich durch Lernen und Lebenserfahrung über ein geeignetes Lebenswissen, um sowohl Teile meines Lebens aufrechtzuerhalten als auch neue - kleinere oder größere - Lebensziele zu erreichen, so wende ich dieses Lebenswissen an und handle. Durch mein Handeln und auch meine Art des Seins steuere ich das Geschehen so, dass sowohl meine Lebenswirklichkeit aufrechterhalten bleibt als auch neue Lebensziele erreicht werden. Solches Steuern des Lebens durch Handeln und Sein nenne ich *Lebenskybernetik.*

Ist das alles? Ja. Die viel wichtigere Frage ist dabei nur: Was bedeutet das alles genau?

Was genau bedeutet Gleichgewicht? Was genau bedeutet sicher? Und noch viel mehr: Was alles ist im Handeln und Sein, das wir Lernen und Leben nennen, involviert? Die Beantwortung all dessen ermöglicht erst Lern- und Lebenskybernetik. Werfen wir also einen genaueren Blick in diese lern- und *lebenskybernetische Schlüsselaspekte* hinein...

10. Wahres Wollen

Kybernetisches oder steuerungsintelligentes Handeln beginnt an – wird von Anfang an gespeist von – der Quelle unseres wahren Wollens.

Unser Wollen ist nur dann wahr und nicht nur gedacht, wenn es in den „Nervenzellen" unserer psychischen Genährtheit gründet und von dieser initiiert, durchdrungen und dynamisiert wird.

Dieses Wollen wird in der Definition von ‚Kybernetik' – wenn Kybernetik die äquilibrische, d.h. ein Gleichgewicht aufrechterhaltende Steuerung der sicheren Richtung eines Geschehens ist – nicht explizit, nicht ausdrücklich genannt, ist aber nicht nur ein Teil von ihr, sondern ihre buchstäbliche Seele, denn es macht die Bewegungskraft kybernetischen Handelns aus.

Wenn ich nämlich eine Richtung steuern soll, so entscheidet sich diese Richtung sowohl durch meinen gegenwärtigen Standort oder Zustand als auch durch das zu erreichende Ziel oder den zu erfüllenden Zweck.

„Zwischen Ziel und Ziel besteht ein Unterschied. Das Ziel liegt das eine Mal in der Tätigkeit selbst, das andere Mal noch neben der Tätigkeit in irgendeinem durch sie hervorzubringenden Gegenstand. Wo aber neben dem Tätigsein ein weiteres Ziel erstrebt wird, da ist das hierzu hervorzubringende Werk naturgemäß von höherem Wert als die Tätigkeit selbst."

Aristoteles

Eine Richtung oder der Sinn von Handeln kann ohne ein Ziel oder einen entsprechenden Zweck nicht bestimmt werden.

Der Zweck nun oder das Ziel einer Bewegung wird durch eine Ursache oder einen Grund bestimmt. Dieser Grund, was Menschen angeht, entsteht immer durch ein Bedürfnis; durch ein Wollen.

Was das Wollen angeht, so ist dieses nicht immer ausreichend, damit ein Handeln aktiviert werden kann. Jedes Handeln und jede Bewegung werden daher durch ein ausreichend starkes Wollen in Gang gesetzt und aufrechterhalten. Je wahrer, d.h. wirklicher dieses Wollen ist, desto wirksamer wird das von ihm angetriebene Handeln sein.

Und woran sollen wir den Wirklichkeitsgrad unseres Wollens erkennen? Das Kriterium dafür nenne ich Bedeutsamkeit.

Signifikantes, substanzielles oder wichtiges Lernen oder Handeln findet statt, wenn es von Sinn, d.h. von persönlich Bedeutsamem angetrieben wird. Und bedeutsam ist *das*, wessen wir in einem gegebenen Moment oder Lebensabschnitt *gesamt-organismisch bedürfen*.

Wahres Wollen wird dadurch erkannt, dass das Gewollte uns persönlich bedeutsam ist, wichtig ist.

Der Wirklichkeitsgrad unseres Wollens wird daher von dem Wichtigkeitsgrad des Gewollten bestimmt.

Wie hoch dieser Grad ist, kann unterschiedlich sein, doch für ein wahres Wollen muss er zumindest ausreichend sein; und zwar insofern als die Unerfülltheit des Gewollten eine innere und ausreichend störende Unruhe verursacht. Ist das gegeben, so können wir zum zweiten lern- und lebenskybernetischen Schlüssel voranschreiten.

11. Ziele als Liebesmanifestationen

Nehmen wir an, wir wollen uns ökologisch korrekter verhalten; oder wir wollen emotional intelligenter werden.

Beide dieser Ziele sind zwar (allgemein betrachtet) zwischenmenschlich, und daher auch politisch und sozial „korrekt", doch eigentlich nur illusionär oder halbgar, wenn sie aus bloßen Vernunftgründen verfolgt, geschweige denn realisiert werden. Warum? Weil sie dann keine oder keine nennenswerte Unruhe in unserem Inneren verursachen. Natürlich liegt in Vernunftgründen auch immer eine gewisse Kraft, das birgt jeder Grund auf jeden Fall in sich. Die Frage ist nur, wie stark eine Kraft aus Vernunftgründen ist und wie viel sie letztendlich bewirkt.

Was sollte uns denn beunruhigen, wenn wir die Ziele ökologischer Korrektheit oder emotionaler Intelligenz nicht erreichen würden, solange kein Leid damit verbunden wäre oder die Abwesenheit eines entsprechend befriedigenden Zustands uns nicht schmerzen würde?

Fernerhin: ökologische Korrektheit kann aus dem Bedürfnis eines politischen Adrenalinaktivismus oder einer wirtschaftlich kosmetischen Maßnahme initiiert sein. Ähnlich könnte emotionale Intelligenz aus der Suche nach einem manipulatorischen Know-How heraus motiviert werden.

Wenn z.B. ökologische Korrektheit – oder emotionale Intelligenz – ein Ziel sind, so muss zunächst klar sein, was sie bedeuten, d.h. welches innere Bedürfnis sie letztendlich nähren, und dann muss dieses Bedürfnis uns so betroffen machen oder berühren, dass wir seine Befriedigung emotional brauchen, weil wir uns nur durch solche Befriedigung oder Genährtheit wahrhaft wohl fühlen. Somit fallen Ziel und Motivation zusammen; denn beide sind in Wahrheit Liebesmanifestationen.

Ein Ziel, und damit auch ein Lernziel oder Lebensziel, wird nicht dann richtig bestimmt, wenn für ein gewähltes Ziel die richtige Motivation gesucht oder sogar kreiert wird, sondern wenn es eine authentische Manifestation einer *schon vorhandenen* wahren Motivation *ist*. Und eine wahre Motivation bewegt uns insofern als sie uns einem Zustand näher bringt, <u>in dem</u> oder <u>als der</u> *wir sein wollen*.

Jedes Ziel hat seine Wurzeln in etwas, was die Kraft hat, einen nährenden Zustand in uns zu kreieren oder aufrechtzuerhalten.

Genährtheit, in allen ihren körperlichen, seelischen und geistigen Dimensionen, ist der Schlüssel eines zufriedenen und gespürt freien Lebens.

Ein Waldspaziergang ist eine selbstnährende Tätigkeit. Das Fahren aus der Stadt zu einem Wald mit einem Waldspaziergang als Ziel, ist ein Mittel zu diesem Ziel. Das Aufrechterhalten von Wäldern überhaupt wiederum ist sowohl ein Mittel mit dem Ziel, existenziell notwendige Grundlagen zu sichern, als auch ein Akt aus der Liebe zur Natur und zu allem Lebendigen heraus.

Alles, was für das Aufrechterhalten von *Lebendigkeit* überhaupt notwendig ist, ist die eine Dimension von Genährtheit.

Und alles, was diese Lebendigkeit mit der Chemie und Physik der *Liebe* durchdringt und durchtränkt, ist die andere Dimension von Genährtheit.

Ohne diese Dimensionen von Genährtheit fehlt jeglicher Sinn und jegliche Motivation.

Beide dieser Dimensionen sind Ereignisse des sich selbst wollenden *In-Liebe*-Zustands. Sind beide vorhanden, ist alles da.

12. Lebensintelligentes Sein und Handeln

Ein wahres Lebensziel, d.h. ein Lebensziel, das unserer *gespürten* und *nicht bloß gedachten* Organismizität und Lebendigkeit entspricht, muss unseren natürlichen Nahrungsdrang erfüllen; vielmehr: es soll die Erfüllung dieses Drangs insofern repräsentieren, als diese Erfüllung ein oder mehrere unserer Bedürfnisse sättigt.

Ist das gegeben, so wird eine Lebenskybernetik, d.h. eine intelligente Lebenssteuerung möglich:

A. Wahres Wollen gewährleistet lebenssteuerndes Gleichgewicht.

Denn wahres Wollen ist ein mächtiger Stern im Raum unserer Psyche, der als unerschütterlicher gravitativer Attraktor alle unsere entsprechenden Aktivitäten im Verbund hält und uns – in unserem Grundzustand – im Gleichgewicht.

In diesem Gleichgewicht sind wir unablenkbar und unbeirrbar, weil die Ausrichtung unserer Kräfte im saftigen Boden natürlicher Selbstliebe wurzelt.

B. Ein richtiges Ziel sichert die Richtung des Geschehens durch das entsprechend dynamisierte Handeln und Sein.

Ein Lebensziel ist nichts anderes als der Erfüllungs-Ausdruck eines Bedürfnisses. Durch Handeln und Sein sollen Kenntnisse und Fähigkeiten verinnerlicht und erlangt werden, die unser gesamtes Sein und Sein quantitativ und qualitativ umgestalten oder neu konfigurieren. Je persönlich bedeutsamer das angestrebte Lebensziel ist, desto ausgewogener und zielgerichteter geschieht das gesamte entsprechende Handeln und Sein.

C. Erfolgreiches Handeln besteht im bewussten Vollziehen lebenskybernetischer Akte.

Auch wenn Handeln auch unbewusst stattfindet, kontrollieren können wir nur das bewusste Handeln und zum Teil den allgemeinen und konkreten Lebenskontext oder bestimmte Situationen, worin unbewusstes Handeln und Sein stattfinden.

Und das bewusste Handeln können wir kontrollieren, indem wir bewusst, wachsam, aufmerksam und mit-emotionaler-Kraft-genährt sind.

Lebenskybernetisches Handeln erstreckt sich immer in einem *Zeitraum*, der benötigt wird, bis ein entsprechendes Lebensziel erreicht ist. Auf dieser Zeitachse sind Motivationsklarheit, eine gründliche Zieldefinition und eine sowohl durchdachte als auch lebendige Strategie die notwendigen Komponenten; doch von ihrem Anfang an, während des ganzen Handelns und Seins und bis zum Erreichen des Lebensziels muss ja kontinuierlich bzw. in aufeinanderfolgenden Schritten immer ein sich wiederholendes Geschehen oder Tun stattfinden. Ein solches Geschehen oder Tun involviert jedes einzelne Mal und auf unterschiedlichen Ebenen gleichzeitig eine Reihe von psychischen, physischen und kognitiven Akten oder Schritten.

Diese Akte oder Schritte des gerichteten Handelns und des erlebenden Seins sind die wichtigsten Zustände, Eigenschaften, Fähigkeiten und Aktivitäten des menschlichen Lebens; vor allem, wenn es um eine ausreichende oder substanzielle oder ziemlich tiefe *Lebensmeisterschaft* geht. Um diese Akte oder Schritte des gerichteten Handelns und des erlebenden Seins, um diese **Meisterakte des Lebens**, nämlich um das **Spüren**, um das **Wollen**, um das **Wissen**, um das **Entscheiden**, um das **Lernen** und um das **Meistern** geht es im nächsten und dritten Teil des Buches.

Teil III:

Die Meisterakte

des Lebens

13.

Über das
Spüren

1

Als *psychophysische* Wesen sind wir ein *komplexes energetisches* Geschehen.

1.1

Die Tatsache, dass wir psychophysisch sind, ist *gegeben*. Wir haben sie nicht entschieden, wir können sie nicht ändern, wir *sind* sie.

1.2

Unsere Psychophysikalität ist eine dreifaltige Komplexität; sie besteht aus drei Komponenten.

1.3

Wir sind psychische Wesen, uns ist also *seelisches* und *geistiges* Erleben möglich, und wir sind physische Wesen, d.h. wir sind in der Lage, eine bestimmte Bandbreite *körperlicher* Erfahrungen zu durchleben.

1.4

Das Körperliche, das Seelische und das Geistige unterscheiden sich energetisch dadurch, dass sie einen unterschiedlichen energetischen *Verdichtungsgrad* aufweisen. Sie sind unterschiedlich stark verdichtete Energiemanifestationen.

1.41

Körperliches Geschehen „bewegt sich" innerhalb eines Kontinuums zwischen einer relativ grobstofflichen und einer relativ feinstofflichen Energieverdichtung.

1.42

Seelisches Geschehen „bewegt sich" innerhalb eines Kontinuums feinstofflichen Energiegeschehens, das unterschiedlichste Qualitäts- und Intensitätsgrade aufweist.

1.43

Geistiges Geschehen „bewegt sich" innerhalb eines feinstofflichen Kontinuums, das sich durch Repräsentationen und Abstraktionen speist, die durch unsere körperliche und seelische Interaktion mit der inneren und äußeren Welt und Umwelt entstehen.

1.51

Unter normalen Umständen ist es selten, aber nicht unmöglich, etwas zu erfahren, was körperliche, seelische und geistige Komponenten *nicht gleichzeitig* aktiviert oder beinhaltet.

1.52

Darüber hinaus befinden sich die drei Komponenten unserer Psychophysikalität in gegenseitiger Wechselwirkung miteinander.

2

Als _Teil_ der bedingten Wirklichkeit sind wir von dieser _sowohl abhängig_ als auch „_unabhängig_".

2.1

Als ein _Teil_ der gesamten Energie der bedingten Wirklichkeit ist unsere Psychophysikalität ein energetisches Geschehen, d.h. ein Energie_prozess,_ eine kontinuierliche Energie_bewegung_ also, _innerhalb der gesamten_ Energiebewegung der bedingten Wirklichkeit.

2.2

Als ein _energetischer Teil_ der gesamten Energie der bedingten Wirklichkeit sind wir von dieser _abhängig._

2.21

Wir _können_ ohne Nahrung, Wasser, Sauerstoff _nicht_ existieren.

2.22

Wir können oft ohne eine zumindest gewisse _emotionale_ Sinnhaftigkeit und Genährtheit nur schwer existieren.

2.23

Nicht zuletzt sind wir darauf angewiesen, *dass* die Gesetze der gesamten als auch speziell unserer planetarischen Natur und Wirklichkeit *stabil bleiben*.

2.3

Innerhalb dieser energetischen Abhängigkeit sind wir bis zu einem *relativen* Grad „unabhängig".

2.31

„Unabhängig" sind wir *in dem* Sinne, dass wir innerhalb einer gigantischen universellen Interdependenz (1) eine bis zu einem relativen Grad abgeschlossene Form sind, und (2) eine begrenzte Bewegungs-, Entscheidungs- und Handlungsfreiheit und -fähigkeit besitzen.

2.311

Wir können viel gestalten, entfalten, kreieren, steuern, entscheiden, erleben und sein.

3

Als psychophysische Wesen werden wir von der Gesamtheit „unserer" bedingten Wirklichkeit mehr oder weniger „gestört". Wir merken *nur einen Teil* dieses „Störens". Wir nennen dieses Merken *‚Spüren'*.

3.1

Die Energiebewegung, die unsere Psychophysikalität ausmacht, „verweilt" oder entfaltet sich je nach Bedingungen und Umständen innerhalb der gesamten Energiebewegung der bedingten Wirklichkeit *mehr* oder *weniger frei* bzw. *ungehindert*.

3.2

Schon im ersten Moment der kleinsten Behinderung unserer psychophysischen Energiegesamtheit in ihrem homöostatischen (gleichbleibenden) Verweilen oder Sichentfalten entsteht eine *energetische Störung*.

3.3

Die Ursachen dieser Behinderung bzw. energetischen Störung können sowohl innerhalb als auch außerhalb unserer Psychophysikalität liegen.

3.4

Aus der Gesamtheit aller möglichen energetischen Störungsursachen innerhalb und außerhalb unserer Psychophysikalität ergeben sich zahllose Störungsmöglichkeiten.

3.5

Viele von diesen Störungsmöglichkeiten bleiben gänzlich oder teilweise unbemerkt.

3.6

Andere werden mehr oder weniger eindeutig, jedoch nicht immer *zum selben Transparenzgrad* bemerkt.

3.7

Das Bemerken oder Merken aller *bemerkbaren* energetischen Störungen unserer Psychophysikalität nennen wir ‚Spüren'.

4

**Das Spüren ist die *„Synapse"* unseres Bewusst-
seins zur Gesamtheit der wahrnehmbaren bedingten Wirklichkeit.**

4.11

Ein bestimmter Teil des energetischen Geschehens,
das die Gesamtheit unserer Psychophysikalität
ausmacht, hebt sich vom restlichen energetischen
Geschehen als ein vibrierendes Feld hervor, das als
Existenz erhellender Raum fungiert.

4.12

Das, was sich innerhalb dieses Energiefelds oder
-raums befindet, wird insofern existenziell erhellt,
als dass es in der Faktizität (Tatsächlichkeit) seines
Da-Seins wahrgenommen werden *kann*.

4.21

Indem etwas *wahrgenommen werden kann*, kann
es ge-*wusst* werden.

4.22

Das Energiefeld oder den Raum, in dem das Da-
Sein von etwas ge-wusst werden *kann*, bezeichnen

wir als ‚Be-wusst-seins-feld'.

4.3
Das Ge-wusst-werden oder Wissen des Da-Seins von etwas nennen wir *das Be-wusst-sein davon'*.

4.4
Das Ge-wusst-werden oder Wissen des Da-Seins von etwas innerhalb des Bewusstseinsfelds findet dann statt, wenn mittels empfindsamer Träger eine energetische *Gerichtetheit* auf dieses Etwas entsteht, die wir die ‚Subjekt-Objekt-Dichotomie' nennen.

4.41
Ein empfindsamer Träger ist ein *Teilsystem* unseres gesamten psychophysischen Energiegeschehens, *das in der Lage ist*, durch Kontakt mit unterschiedlichen Reizen (Teilen) unserer gesamten bedingten Wirklichkeit erregt zu werden und die Wirkung dieser Erregtheit weiterzuleiten und im gesamten psychophysischen Energiegeschehen wirken zu lassen, das uns ausmacht.

„Durch organismisches Spüren wird jedem Menschen möglich, seinem ganzen Organismus, bei gleichzeitiger Einschaltung seines bewussten Denkens, zu erlauben, jeden Reiz, jedes Bedürfnis und jedes Verlangen wie auch sein relatives Gewicht und seine relative Intensität abzuwägen und auszubalancieren. Dieses komplexe Abwägen und Ausbalancieren ermöglicht es ihm, die Handlungslinie zu entdecken, die der Befriedigung aller seiner langfristigen und seiner unmittelbaren Bedürfnisse in der gegebenen Situation am nächsten kommt."

Carl R. Rogers

4.411

Solche empfindsamen Träger sind die psychophysischen Systeme, die beispielsweise verantwortlich fürs Sehen, Hören oder Fühlen sind.

4.42

Das Erregtwerden empfindsamer Träger innerhalb des Bewusstseinsfelds durch einen äußeren oder inneren Reiz führt dazu, dass im Bewusstseinsfeld ein *Fokussierungsprozess* entsteht.

4.421

Jeder Fokus ist das *Zusammenbringen* von etwas *zu einem bestimmten Punkt*.

4.422

Die *Gerichtetheit* fokussierten Bewusstseins nennen wir auch ‚*Aufmerksamkeit*'.

4.43

Die im Bewusstseinsfeld entstandene Fokussierung nennen wir die ‚Subjekt-Objekt-Dichotomie'.

4.431

Das Objekt ist das, was am *Brennpunkt* der Fokus-

sierung – der entstandenen energetischen Gerichtetheit – *projiziert* wird.

4.432

Und Subjekt ist der Bewusstseinsraum, in dem ein
Objekt projiziert wird bzw. erscheint.

4.5

Das bipolare Geschehen, durch das einem Subjekt
ein Objekt auf mehr oder weniger konkrete Weise
in seiner Identität bewusst – und deshalb erkannt –
wird, nennen wir ,Wahrnehmen'.

4.6

Der Akt des Wahrnehmens ist nur das Ende oder
die Endstufe eines mehrstufigen Geschehens:

4.61

Bedingte Wirklichkeit.

4.62

Psychophysikalität.

4.63

Bewusstseinsfeld.

4.64

Psychophysische Teilsysteme (empfindsame Träger).

4.65

Teile der bedingten Wirklichkeit (Reize).

4.66

Erregung empfindsamer Träger durch Reize.

4.67

Bewusstseinsfokussierung (Aufmerksamkeit).

4.68

Entstehung der Subjekt-Objekt-Dichotomie.

4.69

Wahrnehmen (das Erkennen der Identität) eines Objekts.

4.7

Die zentrale Rolle in diesem mehrstufigen Geschehen spielt die Kontaktstelle, durch die Teile der bedingten Wirklichkeit in unser Bewusstsein eindringen können (4.41, 4.66).

4.71

Durch diese Kontaktstelle kann unser Bewusstsein in Kontakt mit bestimmten Inhalten der bedingten Wirklichkeit kommen.

4.8

Doch nicht alles (alle Reize), was unsere empfindsamen Träger (z.B. unsere Sinne) erregt, wird von unserer Aufmerksamkeit erhellt bzw. wahrgenommen, sondern nur das, was vom Zusammen„spiel" unserer jeweils stärksten Bedürfnisse unserer Psychophysikalität ausgewählt wird und als motivationaler Attraktor den Fokus unseres Bewusstseins anzieht.

4.9

Den Akt, bei dem wir als Subjekt (4.432) etwas (4.431) erleben, wenn wir unsere Bewusstseinsfokussierung auf einen Teil dessen richten, was vorher durch die Erregtheit unserer empfindsamen Träger von Teilen unserer bedingten Wirklichkeit vorhanden und gegenwärtig ist, nennen wir ‚*Spüren*'.

4.10

Das Spüren ist deshalb die „*Synapse*" und *Kontaktstelle* und damit die *Öffnung* unseres Bewusstseins zur Gesamtheit der wahrnehmbaren bedingten Wirklichkeit.

5
,Leben' bedeutet *Spüren* und ,Spüren' bedeutet *Berührtwerden*.

5.01
Fokussieren *kann* sich unser Bewusstsein auf alles, was durch die Erregung unserer empfindsamen Träger entsteht.

5.02
Die Richtung unserer Bewusstseinsfokussierung wird von den jeweils aktivierten motivationalen Attraktoren entschieden.

5.11
Worauf sich unser Bewusstsein nicht fokussiert, das wird *nicht gespürt*, und deshalb *nicht erlebt*.

5.12
,Erleben' oder ,Leben' bedeutet *Spüren*.

5.2
Wenn Spüren mit einem Sinn verglichen werden könnte, dann wäre dies der Gefühlssinn.

5.21

Der Kern des Gefühlssinns ist der Kontakt, die Berührung.

5.22

Berührung als Grundgeschehen ist die Grundlage aller Sinne, alles Empfindens, alles Fühlens.

5.3

Spüren ist das Berührtwerden „der Haut" oder der Kontaktfläche bzw. des Kontakt*raums* unseres Bewusstseins von der bedingten Wirklichkeit.

5.31

Alles, was wir *erleben* und erleben *können*, resultiert aus *dieser Berührung*.

6

Die *Qualität* unseres Lebens wird von der Qualität *und* der Quantität *unseres Spürens* bestimmt.

6.1

Unser ganzes Leben besteht *aus dem* und *in dem*, was wir *spüren*.

6.11

Körperliches und sinnliches Empfinden ist Spüren, seelisches Empfinden ist Spüren, geistiges „Empfinden" und Erleben ist Spüren.

6.12

Noch mehr: Instinkt ist Spüren, Intuition ist Spüren.

6.13

Auch der feinfühligste Zustand ist ohne Spüren, d.h. ohne jegliche Berührung irgendeiner Energie mit dem Raum, der sich durch unser anwesendes Bewusstsein öffnet und aufrechterhält, nicht möglich.

6.14

Bewusstes psychophysisches Sein *im Ganzen* ist spürendes Sein.

6.15

Und auch *psychophysisches Bewusstsein an sich* ist *reines* Spüren.

6.2

Im Vergleich zu allen organismisch innewohnenden Fähigkeiten, die uns zur Verfügung stehen, ist Spüren die *katalysierendste*, *transformierendste*, *nährendste* und *heilendste*.

6.21

Und *das* kann sie vor allem *dann* sein, wenn wir das Wissen *darüber* verfügen, *was* wir spüren „sollen" und unter welchen *Bedingungen*.

7

**Unser Spürvermögen – und damit der „*Reichtum*"
unseres Lebens – weitet und vertieft sich im *reak-
tionsfreien* Raum.**

7.11

Vor dem Hintergrund der Annahme bzw. der *Tatsache*, dass Authentizität – als die Eigenschaft des
Wirklichen – die einzig wahre Antwort ist auf das
Bedürfnis nach Seins- und Lebensfülle, ist das *Spürvermögen* unser einzig wahrer Zugang dazu.

7.12

Was eine Seins- und Lebensfülle *normalerweise* be-
hindert, ist eine unnatürlich entstandene Hypnose,
die das Spontane *erstickt*.

7.13

„Ungesunde", weil *unnatürliche* und *hypnotisch*
entstandene Verkrustungen und Reaktionsmuster
schmelzen und lösen sich auf, wenn die Vermei-
dungsgründe, die dazu geführt haben, *gespürt*
werden.

7.21

‚Gespürt zu werden' bedeutet, als *psychophysisches* Geschehen – samt aller dazugehörigen Wurzeln – innerhalb eines *entspannt* und *frei* fokussierten Bewusstseins *zugelassen* zu werden.

7.22

Haben sich unnatürliche und hypnotisch entstandene Verkrustungen und Reaktionsmuster einmal aufgelöst, so erwacht unser Bewusstsein aus der Hypnose des Unauthentischen und fängt an, mit dem, was *spontan* geschieht, spurlos *übereinzustimmen*.

7.23

Sodann beginnt unser Spürvermögen, sich grenzenlos zu vertiefen und auszuweiten. Dies ist der *Vorstoß* in die *Fülle*.

14.

Über das

Wollen

1

Als *psychophysische* Wesen befinden wir uns *nie* im Zustand des absoluten Equilibriums.

1.1

‚Psychophysisch' bedeutet zunächst, dass wir ein Teil stofflicher *Physis* (=Natur) sind. Wir erleben uns als eine Gesamtheit *physischer* Energieformen.

1.2

Darüber hinaus erleben wir uns als *Psyche*, d.h. als eine Gesamtheit von Seelischem und Geistigem. Wir erleben Emotionen, also *seelische* Energieformen, und kognitive Anschauungen und Zustände, also *geistige* Energieformen.

1.3

Inwiefern wir-als-Psyche letztlich auf etwas *Stoffliches* zurückzuführen sind, wird im vorliegenden Kontext nicht abgehandelt.

1.4

Als Psychophysikalität, d.h. als eine Gesamtheit von Körperenergie, Emotion und Kognition, sind wir vollständig ein komplexes *energetisches* Geschehen und eine mehrdimensionale Manifestation.

1.5
Ein energetisches Geschehen unterliegt – bzw. ist gleichzusetzen mit – dem ersten Gesetz der bedingten Realität: dem Gesetz der *Bewegung*.

1.51
Als energetisches Geschehen sind wir also *vorrangig* Bewegung und deshalb (gleichzeitig) auch *Veränderung*.

1.52
Auch wenn wir uns als eine Person mit beständiger *Identität* erleben, *energetisch* befinden wir uns in *beständigem* Wandel.

1.61
Als psychophysische Manifestation oder... als *Energie* sind wir de facto ein Bewegungsgeschehen. Diese Tatsache beinhaltet, dass wir uns *nie* im absoluten Equilibrium, d.h. in der absoluten Bewegungslosigkeit befinden.

1.611

Mit ‚Equilibrium' ist hier die Befindlichkeit des *ausgeglichenen* Ruhezustands gemeint.

1.62

Auch während eines meditativen Zustandes der erlebt-„absoluten" Ruhe bzw. während des Tiefschlafs sind wir (physikalisch und organismisch) immerwährende *Veränderung*.

2

**Als volle Teilnehmer am zyklischen Verände-
rungsrhythmus der bedingten Realität „entwickeln" wir Mangelzustände. Diese nennen wir
Bedürfnisse.**

2.11

Als energetisch-psychophysisches Sein sind wir ein
immerwährender Veränderungsprozess. Als solcher sind wir eine Gesamtheit *unterschiedlicher* und
gleichzeitig *parallel* verlaufender Veränderungen.

2.12

Die Veränderungsweise der *bedingten* Realität
weist einen *rhythmischen* Charakter auf.

2.121

‚Bedingt' oder ‚*abhängig*' ist hier als Gegensatz zu
‚absolut' oder ‚*unabhängig*' zu verstehen.

2.13

Das Wesen dieses Rhythmus ist der *Zyklus*: Tag und
Nacht, Ebbe und Flut, Sternengeburt und Sternen-
tod. Uns Menschen betreffend: Hunger und Sätti-
gung, Müdigkeit und Energiegeladenheit, Erregt-

heit und Langeweile, Interesse und Abwehr. Das sind nur *einige* Beispiele.

2.2

Unser Existieren und Lebendigsein ist Teil eines energetisch nie endenden Zyklus einer immer *wieder*kehrenden Abwechslung von Gegensätzen:

2.21

Die Struktur dieses Zyklus ist immer dieselbe: Entstehen > Sichverändern > Vergehen.

2.3

Wir befinden uns in *keinem* Moment dieses zyklischen Geschehens im Zustand des absoluten Equilibriums.

2.31

Ob im physischen oder psychischen Bereich: wir befinden uns immer im zyklischen Wechsel*prozess* der *Bewegung* von einem Veränderungszustand zum anderen.

2.4

Unser natürlicher Lebensimpuls drängt das Energiegeschehen, das wir sind, zu seiner equilibrischen Ausgeglichenheit, d.h. zu einem Zustand der Ruhe und des Friedens; zu einem Zustand der Zufrieden-heit.

2.41

Dieser Impuls ist uns existenziell „*an*geboren" oder *mit*gegeben.

2.5

Durch das *Zusammenkommen* unseres Impulses zur Zufriedenheit mit dem – aufgrund der Gesetze der Wirklichkeit – *psychophysisch nie* zu erreichenden Zustand des absoluten Equilibriums, entsteht beständig in uns das Empfinden, das etwas *fehlt* und uns vom absoluten Equilibrium *fern*hält.

2.51

Dem *Empfinden* dieses Mangelzustandes geben wir die Bezeichnung ‚Bedürfnis'.

2.511

Im Mangelzustand *bedürfen* wir *der* Sache, die uns *fehlt*. Mit anderen Worten, was uns fehlt, wird von uns gebraucht. Wenn ich einer Sache bedarf, dann *brauche* ich diese Sache.

3

Manche Bedürfnisse empfinden wir als *eigen*aktiviert und vollständig *berechtigt* und manche als *fremd*aktiviert und bloß *notwendig*. Beide sind wahr, denn wir können sie *nicht* ohne unangenehme Konsequenzen *leugnen*.

3.1

Das *erste* Empfinden (*empfinden <u>von</u> etwas...*) eines Bedürfnisses, d.h. eines Mangelzustandes, ist zunächst *ursprungs*blind.

3.11

Das bedeutet, dass wir in dem Entstehungsmoment des Empfindens eines Bedürfnisses *nicht wissen*, d.h. es ist uns nicht be*wusst*, was der Grund, die Ursache oder der Ursprung dieses Empfindens ist.

3.2

Sobald wir dieses Empfinden oder Bedürfnis durch unser Wahrnehmungs- und Erkennungsvermögen in seiner unverwechselbaren Einmaligkeit identifiziert haben, befinden wir uns in der Lage, sowohl seinen Ursprung (z.B. Trockenheit oder Wassermangel) als auch seine Erfüllung oder Be-

fried-igung (z.B. Wasserzufuhr) zu „erspüren". Dieses ist das *zweite* Empfinden, was eher mit ‚Wahrnehmen' gleichzusetzen ist.

3.21
Dieses zweite Empfinden (*etwas empfinden als...*) eines Bedürfnisses eröffnet uns die Grundlage, auf der wir herausfinden können, ob das von uns empfundene Bedürfnis seinen Entstehungsursprung „*in*" oder „*außer*" uns hat.

3.3
Ein „*in*" uns entstandenes Bedürfnis, also *ohne* Einwirkung von äußeren Notwendigkeiten oder Zwängen, nennen wir *endogen* (innen geboren) oder *eigen*aktiviert.

3.4
Ein „*außer*" uns entstandenes Bedürfnis, also *durch* Einwirkung von äußeren Notwendigkeiten oder Zwängen, nennen wir *exogen* (außen geboren) oder *fremd*aktiviert.

3.5
Sowohl eigen- als auch fremdaktivierte Bedürfnisse

„Jedes Wesen hat eine Möglichkeit, sich zu entfalten, die ihm mitgegeben ist. Diese nennt Carl Rogers „Aktualisierungstendenz". Sie will erspürt und dadurch gewusst werden. Sie vollzieht sich in einer auf Selbstentfaltung ausgerichteten Selbststeuerung. Die Aktualisierungstendenz beinhaltet ein „implizites Wissen". Dieses implizite Wissen ist eine biologisch-genetische, spirituelle und ganzheitliche Gegebenheit."

Inghard Langer

sind wahr, denn in *beiden* Fällen befinden wir uns in einem Mangelzustand.

3.6

Sicherlich wird von uns ein *eigen*-aktiviertes, und *deshalb* vollständig berechtigtes Bedürfnis automatisch und natürlicherweise angenommen, weil es uns – *von uns aus* – *direkt* angeht.

3.7

Ein *fremd*aktiviertes, und *deshalb* von uns als *bloß notwendig* empfundenes Bedürfnis wird *nicht selbstverständlich* angenommen, weil es uns *indirekt* – *nicht* von uns aus – angeht.

3.8

*Fremd*aktivierte Bedürfnisse werden als *nicht vollständig berechtigt* empfunden, weil wir sie in einem Fall von absoluter Freiheit nicht gerne fühlen würden.

3.81

Wir erkennen fremdaktivierte Bedürfnisse als *teilweise berechtigt*, denn sie entstehen in unserer Lebenswelt und durch die Gesetze der Wirklichkeit.

3.9

Wir haben schon die Freiheit, durch unsere Einwirkung die Umstände in und die Bedingungen der Lebenswelt, in der wir sind, bis zu einem gewissen Grad zu verändern. Die Gesetze der Wirklichkeit jedoch können wir nicht verändern.

3.10

Je authentischer und vollständiger wir die Gesetze der Wirklichkeit empfinden und deshalb beachten, desto wahrscheinlicher wird es, dass ein fremdaktiviertes oder exogenes Bedürfnis von uns als eigenaktiviert oder endogen empfunden werden kann.

4

Jedes wahre Bedürfnis *drängt* uns zu seiner Erfüllung. Dies führt zum Empfinden von *Unruhe*. Das *Empfinden* dieser Unruhe versetzt uns in den Zustand der *Motiviertheit*.

4.1

Es ist ein psychophysisches Gesetz, dass jedes wahre Bedürfnis eines lebendigen Organismus diesen Organismus zu Bewegung drängt oder sogar zwingt.

4.11

Die Entstehung eines Bedürfnisses, d.h. die Störung unseres relativen Equilibriums, ist zugleich die Entstehung einer Bewegungskraft und somit das Erzeugen einer *Bewegung*.

4.12

Jede Bewegung hat ein Ziel.

4.121

Die Bewegung aus einem Bedürfnis heraus, d.h. aus einem Mangel (s. 2.31-2.51), hat als Ziel die *Behebung* des vorhandenen Mangels.

4.2

Solange wir dem Bewegungsdrang oder -zwang zur Behebung unserer equilibrischen Gestörtheit nicht nachgeben können oder dürfen, empfinden wir *Unruhe*.

4.21

Diese Unruhe ist das Ergebnis des Konflikts zwischen der Anziehungskraft des Ziels, das die Möglichkeit unserer Gestörtheitsbehebung in sich birgt, und den Umständen, Kräften oder Gründen, die uns daran hindern zu handeln und uns jetzt zu diesem Ziel zu bewegen.

4.3

Wir charakterisieren diese Unruhe als ,gerichtet zu einem Ziel' oder ,zielgerichtet'.

4.4

Diese zielgerichtete Unruhe ist eine Schwangere, deren Wehen ein-gesetzt haben. Sie ist absolut bereit, ihr wahres Gesicht *augenblicklich* zu zeigen, nämlich *Bewegung*.

4.41

Diese absolute Bereitschaft sich zu bewegen, die wir spüren, *bevor* wir uns zu bewegen (lateinisch: *movere*) *beginnen*, ist ein *energie*geladener Zustand. Es ist der Zustand also der *Bewegtheit*-zu-et-was-hin oder des *Angetrieben*werdens-zu- oder des *Angezogen*werdens-von-etwas. Wir geben diesem Zustand den Namen ‚*Motiviertheit*‘ (mittelalter-lich-lateinisch: *motivus* = *Bewegung verursachend*).

5

Empfundene Motiviertheit erzeugt ein *Energiefeld*. Dieses Feld fungiert als *Gravitations*zentrum und als *Treibstoff*tank zugleich. Wir geben dem Zustand, in dem wir dieses Energiefeld spüren und sind, die Bezeichnung ‚*Wollen*'.

5.1

Sobald eine Motiviertheit zu etwas entstanden ist, entsteht in uns ein Feld, in dem sich Energie – als Potenzial oder aktuelle Vorhandenheit – ansammelt.

5.11

Diese angesammelte Energie oder Wandlungskraft speist sich aus der Programmiertheit unserer psychophysischen Natur.

5.2

Die so entstandene Energieansammlung fungiert als dualperspektivisches Feld: *gravitativ* oder *magnetisch*, wenn wir uns vom Ziel unserer Motiviertheit *angezogen fühlen*, oder *impulsiv*, wenn wir uns zu diesem Ziel *angetrieben fühlen*.

5.21

Unabhängig davon, ob das Energiefeld als *Gravitationszentrum* bzw. Anziehen-von oder *Treibstofftank* bzw. Antreiben-zu empfunden wird, in beiden Fällen erzeugt es die zu einem Handeln oder Seinsmodus notwendige Kraftquelle.

5.3

Wir bezeichnen den Zustand, in dem wir dieses Energiefeld spüren, ‚Wollen'.

6

Es gibt das *wahre* Wollen und es gibt das „*Pseudo*"-Wollen.

6.1

Nicht alles, was ‚Wollen' *genannt* wird, *ist* auch Wollen.

6.2

Sehr oft wird der Zustand des *Wünschens* ‚Wollen' genannt. Doch Wünschen ist nicht Wollen.

6.21

Will man trotzdem den Zustand des Wünschens mit dem Begriff ‚Wollen' bezeichnen, so sollte man hinzufügen, dass dieses Wollen eher eine Art „Harry-Potter"-Wollen ist.

6.22

Wenn ich ein „Harry-Potter"-Wollen spüre, dann heißt das, dass ich mir zwar etwas (manchmal sogar sehr) wünsche, aber ich will *nicht dafür arbeiten*, ich will mich *dafür nicht anstrengen*. Ich wünsche mir, ich hätte einen „Harry-Potter"-Zauberstab, mit dem ich die Welt augenblicklich so verändern könnte, dass ich in dieser Welt das gewünschte Etwas haben oder sein könnte.

6.221
Das „Harry-Potter"-Wollen ist *antriebslos*. Es hat *nicht* die Kraft, ein Handeln zu *bewirken* oder zu *initiieren*.

6.3
Wahres Wollen, d.h. *wirkliches* Wollen, ist handlungs*wirksam*. Ich kann es *nicht spüren* und *gleichzeitig passiv und tatenlos bleiben.*

6.31
Das wahre Wollen erkennen wir an der Unruhe. (s. 4.2-4.4)

6.32
Wenn ich etwas *wirklich* will, dann erkenne ich das *daran*, dass ich *unruhig* werde, wenn ich das Gewollte noch nicht habe oder bin. So unruhig, dass ich mich automatisch dem *Bewegungs*drang *hingebe*, der das notwendige *Handeln* generiert, das mich zum Gewollten *führt*.

7

Um handlungswirksames, d.h. wahres Wollen zu erkennen, benötigen wir einen *freien Spürraum* und ein *waches Bewusstsein*.

7.0

Nichts kann handlungs- oder einstellungswirksam bewegt werden, was nicht aus einem wahren Bedürfnis herrührt, unabhängig davon, ob dieses Bedürfnis endogen oder exogen ist.

7.1

Bin ich durstig, so kann ich durch meinen naturgegebenen Instinkt wissen, was ich brauche, also Wasser, und handle entweder augenblicklich oder spüre, solange ich nicht zum Ziel meines Bedürfnisses hin handle, eine wachsende Unruhe.

7.2

Bin ich unruhig und weiß nicht warum, so brauche ich den Umstand der *Freiheit* in mehrfacher Hinsicht, so dass ich entspannen und mein Bewusstsein wacher, d.h. *spür*vermögender, werden kann.

15.

Über das

Wissen

1

Energie ist *die mysteriöse Bewegtheit manifes-tierter Seinsfülle*.

1.1

Der selbst„leuchtende" oder selbsterhaltende Kontext oder „Raum" aller und jeglicher Existenz ist das *absolute Sein*.

1.2

Das absolute Sein befindet sich *nicht innerhalb* der Reichweite menschlichen *Erfassens* oder *Begreifens*, sondern ist durch *freieste* Spontaneität nur *seiend „erfahrbar"*.

1.3

Das absolute Sein ist nicht Nichts, *sondern alles*.

1.4

Die Gesamtheit von allem schließt sowohl Manifestiertes als auch Nicht-Manifestiertes ein.

1.41

Nicht-Manifestiertes ist jedoch nicht Nichts, sondern freies, d.h. ungebundenes, losgelöstes Sein, das „unerträglich" voll ist mit sich selbst.

1.411

In dieser „unerträglichen" und deshalb *vibrierenden* Fülle nicht-manifestierten Seins emergiert (tut sich hervor) auf mysteriöse Weise (ohne ersichtlichen und/oder notwendigen Grund) eine Bewegtheit.

1.412

Diese Bewegtheit ist also der mysteriöse Ausdruck der Vibration absoluter Seinsfülle.

1.413

Diese mysteriöse Bewegtheit manifestierter Seinsfülle ist *die freie Form* dessen, was wir Menschen ‚Energie' nennen.

1.5

‚Energie' bedeutet *in Arbeit*, d.h. *in Bewegung*, und *ist* also eine *Art von Bewegtheit*: die mysteriöse Bewegtheit manifestierter Seinsfülle.

2

Alles, was in bedingter, gebundener oder manifestierter Form existiert, ist ein energetisches *In-Form-Sein*; eine energetische *In-form-ation*.

2.0

Es gibt freie, d.h. *nicht gebundene*, und es gibt *gebundene* Energie.

2.1

Freie Energie bindet sich durch die Vibrationskraft absoluter Seinsfülle in unterschiedlichen Verdichtungsgraden und geht durch diesen Verdichtungsprozess von ihrer Unbedingtheit, Ungebundenheit oder Formlosigkeit zu einer unendlichen Mehrheit oder Zahl bedingter, gebundener oder form-autonomer energetischer Existenzen über.

2.2

Jedes *einzelne* existente Etwas ist eine Energiemenge, die sich durch die Vibrationskraft absoluter Seinsfülle aus dem Meer energetischer Formlosigkeit zu einer form-autonomen *Singularität* bindet, d.h. zu einer *formhaften* und *vereinzelten* Erscheinung oder Existenz.

2.21

Jede solche vereinzelte (energetisch-gebundene) Existenz ist also eine bestimmte *in-Form-gebrachte* (und *zuvor* formlose, freie) Energiemenge.

2.3

Das *In-Form-Sein* einer aus einer bestimmten energetischen Menge hervorgebrachten vereinzelten Existenz nennen wir *In-form-ation*.

2.4

Eine In-form-ation oder (ab jetzt) *Information* ist (also) eine *sich-in-einer-bestimmten-Form-befindende* Energie.

2.41

Alles, was *manifestiert* existiert, ist daher eine (energetische) *Information*.

2.42

Eine Information ist deshalb *immer* eine energetische Manifestiertheit und *nie* Nicht-Manifestiertes. Es gibt *keine nicht* energetische Information.

3

Als energetische Manifestationen stellen wir Menschen auch eine *In-form*-ation dar. Wir sind *in-eine-bestimmte-Form-gebrachte Energie*.

3.0

Die *In-form-ation*, die *wir* sind, ist ein komplexes System einer Ge-form-theit, die aus einer komplexen Gesamtheit von einzelnen und miteinander interagierenden Energieverdichtungen besteht.

3.1

Es existieren einfache (atomare oder monadische), d.h. (hier) *nicht teilbare* energetische Informationen, und viele *immer komplexere* (energetische) Informationen.

3.2

Jede komplexere Information besteht aus dem Zusammenstehen *einfacher* und/oder *weniger komplexer* Informationen miteinander.

3.3

Jedes *Zusammenstehen* einfacher und/oder komplexer Informationen miteinander ist ein *System*

(‚Sy-stem' = Zusammen-Stehendes): ein Informationen-*Komplex*.

3.4

Innerhalb des Kontinuums immer komplexerer (energetischer) Informationen existieren *leblose* und *lebendige* (energetische) Systeme oder Informationen-Komplexe.

3.5

Lebendige Systeme unterscheiden sich von leblosen dadurch, dass sie bestimmte Eigenschaften aufweisen:

3.51

die Eigenschaft von *Energie-Interaktion* und *-Austausch*

3.511

zwischen sich-als-Ganzem und der sie umgebenden Umwelt und

3.512

zwischen in sich selbst befindenden Energie-Systemen;

3.52

die Eigenschaft der innewohnenden *Fortpflanzungsfähigkeit* und

3.53

die Eigenschaft des *Wachstums* (wobei *Wachstum* hier nicht nur *mehr werden* bedeutet, sondern das Fortschreiten eines holistischen Werdens bzw. eines vollständigen Verwirklichens der diesem Werden innewohnend angelegten Bestimmung).

3.6

Wir sind ein auf bestimmte Weise beschaffenes lebendiges (energetisches) System: ein *dynamisches* Konstrukt, das aus einer gigantischen Gesamtheit (einzelner und kleinerer oder größerer Systeme) menschlicher Biozellen und den Beziehungen zwischen diesen besteht.

3.7

Wir sind ein sehr großes *dynamisches* Energiesystem; ein Komplex energetischer Informationen, die so miteinander angeordnet sind, dass sie ein dynamisches, schwungvolles Ganzes bilden.

3.8

Diese Dynamisiertheit eines lebendigen Energiesystems nennen wir *Organismizität*.

4

Wissen ist *zu-etwas-befähigende lebendige Information*.

4.0

Innerhalb des Kontinuums immer komplexerer (energetischer) Informationen existieren wir Menschen als ein *lebendiges* (energetisches) System.

4.1

Wir sind eine *komplexe, mehrdimensionale lebendige Information*.

4.2

Innerhalb unseres menschlich-organismischen Reichs oder „Universums" gibt es viele unterschiedliche organismische (Unter)Systeme, die unterschiedliche Eigenschaften aufweisen und unterschiedliche Funktionen ermöglichen.

4.21

So sind einige (Unter)Systeme zuständig für rein-körperliche Vorgänge, andere für seelisch-emotionale und andere für geistige oder kognitive Vorgänge.

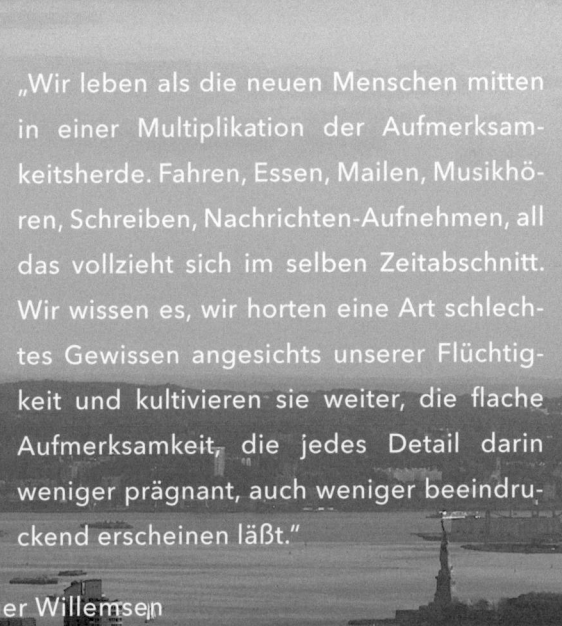

„Wir leben als die neuen Menschen mitten in einer Multiplikation der Aufmerksamkeitsherde. Fahren, Essen, Mailen, Musikhören, Schreiben, Nachrichten-Aufnehmen, all das vollzieht sich im selben Zeitabschnitt. Wir wissen es, wir horten eine Art schlechtes Gewissen angesichts unserer Flüchtigkeit und kultivieren sie weiter, die flache Aufmerksamkeit, die jedes Detail darin weniger prägnant, auch weniger beeindruckend erscheinen läßt."

Roger Willemsen

4.22

Der *Hauptzweck* einer jeden einzelnen lebendigen Information eines unserer organismischen (Unter) Systeme ist *die Befähigung* eines anderen organismischen Bausteins oder Systems zu *einer Aktivität* oder *zu einem Aktiviertheitszustand*.

4.3

Diese *zu-etwas-befähigende lebendige Information* nenne ich *Wissen*.

4.31

In unserer Gesamtheit *sind wir* eine gesamte lebendige Information.

4.32

Wir *sind* Wissen.

5

Wissensveränderung (oder Lernen) erfolgt durch das Teilnehmen an einem relativ großen Spektrum des Werdens. Dies kann auf zwei Weisen geschehen.

5.01

Da *wir Wissen sind* und *uns in ununterbrochener, permanenter Veränderung befinden,* können *wir sagen, dass wir eine permanente Wissensveränderung sind.*

5.02

‚Lernen' definiere ich als ein wissensveränderndes Geschehen.

5.03

Aus 5.01 und 5.02 folgt: *Wir sind,* solange wir leben, *ein Lerngeschehen, ein Lernvorgang.*

5.1

Wir lernen, d.h. wir verändern unser Wissen, indem wir uns *als lebendige Information* verändern.

5.11

Ein großer Teil des Lernvorgangs, der wir sind, verläuft *passiv* und *außerhalb* unserer bewussten Wahrnehmung.

5.111

Das betrifft alle Vorgänge, die aufgrund unserer naturgegebenen Anlagen in uns im Gange sind

5.112

und alle Vorgänge, die aufgrund unseres Kontaktes mit den Gegebenheiten der Außenwelt *ohne unser Mitwissen* aktiviert und vollzogen werden.

5.113

Das *angeborene* Wissen also, das wir sind, ist *einerseits* (1) von Anfang an da und wächst *andererseits* (2) durch die Entfaltung und Entwicklung der in uns von Anfang an angelegten Bestimmung.

5.1131

Beides (1&2) geschieht sowohl *intra*organismisch (<u>innerhalb</u> unserer gesamten Organismizität) als auch *transex*organismisch (durch die relative empfangende *Durchlässigkeit* unserer Organismizität für Portionen der in der *Außenwelt* seienden energetischen Informationen).

5.12

Ein großer Teil des Lernvorgangs, der wir sind, kann aber auch *innerhalb* unserer bewussten Wahrnehmung und mehr oder weniger *aktiv* verlaufen.

5.121

Wir nennen diese Art Lernvorgang *bewusste* Wissensveränderung.

5.1211

Bewusste Wissensveränderung kann stattfinden, indem wir bloß den automobilen (sich selbst bewegenden) Lernvorgang *beobachten*: so kriegen wir mit, welche Veränderung durch unsere mühelose Teilnahme an dem Werden, das ohne unser Zutun verläuft, stattfindet.

5.1212

Bewusste Wissensveränderung kann aber auch stattfinden, indem wir unser Teilnehmen an dem ohne unser Zutun stattfindenden Werden *aktiv* beeinflussen.

6

Alle Wissensveränderung, d.h. alles Lernen, findet *dann* statt, wenn eine (energetische) Information *lebendig* wird. Wissen ist *immer lebendig* und entsteht nur *ontisch*.

6.1

Wenn etwas, d.h. (vgl. 2) eine energetische Information x, von uns als organismischem Ganzen oder als lebendigem Informationen-Komplex *so aufgenommen und integriert wird, dass* es uns in unserer organismischen Totalität *um diese Information x transformiert, dann und nur dann* nennen wir diese Information lebendig, dann und *nur dann* ist diese Information *Wissen*.

6.2

Wenn ich heute höre, dass Peking die Hauptstadt von China ist, und diese Information später *nirgendwo innerhalb von mir auffindbar ist*, so hat sie mich-als-Wissen oder -als-lebendige-Information *nicht verändert*.

6.3

Ist sie später *auffindbar*, so hat sie mich (unabhängig davon, wie lange) *verändert* und ist deshalb zu einer *lebendigen* Information geworden, weil ihre Existenz entweder von meiner Organismizität bloß getragen bzw. aufrechterhalten bleibt oder weil ihre Existenz von meiner Organismizität untrennbar geworden ist.

6.4

In beiden Fällen existiert sie, weil *ich sie bin* (s. 4.32); dadurch, dass ich *lebendig* bin und sie *enthalte*;

6.41

deshalb nenne ich *alles* Wissen *lebendig*;

6.42

deshalb entsteht alles Wissen *ontisch* (seiend); indem *wir* es zu einem *Teil* unseres lebendigen *Seins* transformieren oder indem es unser lebendiges *Sein* um seinen *Informationsgehalt* transformiert.

6.5

Sicherlich ist auch erworbenes Wissen möglich, das *lethargisch* ist: solches Wissen schläft *so* in meinem Unbewussten, dass ich von seiner Existenz *nicht* weiß.

6.6

Darüber hinaus nenne ich ein *von der Wirklichkeit bestätigtes* oder *mit ihr übereinstimmendes* Wissen

6.61

wahres Wissen oder *Gnosis* und ein *von der Wirklichkeit noch nicht bestätigtes* und *als wahr angenommenes* Wissen

6.62

Glaube oder *Pistis*.

7

Je stärker ein Wissen zur *Verwirklichung meiner Aktualisierungstendenz* führt, *desto wichtiger* ist es.

7.0

Wodurch wird entschieden, ob die Existenz einer in mir lebendig gewordenen (und zuvor bloß energetischen) Information entweder von meiner Organismizität *bloß getragen* bzw. *aufrechterhalten bleibt* oder von ihr sogar *untrennbar* wird (6.3)? Es gibt einen Grund dafür und zwei Möglichkeiten:

7.01

Meine Transformation um diese neue Information ist in einem stark emotionalen Geschehen eingebettet, das *ohne* meine Entscheidung stattgefunden hat.

7.02

Meine Transformation um diese neue Information ist in einem stark emotionalen Geschehen eingebettet, das *von mir initiiert* wurde.

7.03

In beiden dieser Möglichkeiten ist also *Emotion* der entscheidende transformative Initiator, Katalysator und Gestalter.

7.1

Je schwächer oder stärker die Emotion in einem Geschehen, das mein Wissen oder mich-als-Wissen transformiert, desto schwächer oder stärker das entsprechende Wissen oder mein entsprechendes Verändertsein.

7.2

Durchlebe ich eine wissens- und damit auch eine seinsverändernde Transformation durch ein Geschehen, das ich selbst initiiert habe, so ist meine Transformation um so wichtiger, je stärker sie von einer Emotion ausgelöst wird, die von einer Motivation oder einem Bedürfnis gespeist wird, welches im lebendig-intelligenten Raum meiner Aktualisierungstendenz entsteht. Die Aktualisierungstendenz ist der innewohnende Drang, das, was von Natur aus in uns angelegt ist, so zu entfalten, zu realisieren und zu sein, wie es von der naturgesetzlichen Wirklichkeit berührt, genährt und dynamisiert wird.

7.3

Hieraus folgt, dass das immer tiefere und umfassendere *Wissen um meine Aktualisierungstendenz* das für mich *wichtigste* Wissen darstellt.

7.31

Dafür sind *authentisches Spüren* und *Offenheit für das Erfahren der Wirklichkeit* notwendig.

7.311

Der *Gewinn* daraus ist zwar ein noch *unbekanntes*, aber dafür unermesslich *erfüllendes* Wissen, d.h. *lebendiges Sein*.

16.

Über das
Entscheiden

1

Als psychophysische Wesen erleben wir Bedürfnisse; „Mangel"zustände also, die Erfüllung suchen.

1.01

Psychophysische Energie ist ein zyklisches Geschehen, das ständig zwischen dem <u>Versorgtwerden mit</u> und dem <u>Verbrauchen von</u> *Kraft* wechselt.

1.011

Dies sind beides *„Mangel"*zustände.

1.0111

Wenn ich mit Kraft versorgt werden muss, dann muss das geschehen, weil mir *Kraft fehlt*. Das Fehlen von Kraft ist ein Mangelzustand.

1.0112

Wenn ich Kraft verbrauchen muss, dann muss das geschehen, weil ich einen *Überschuss an Kraft* habe. Durch diesen Überschuss bin ich energetisch nicht ausgeglichen. Das Fehlen energetischer Ausgeglichenheit ist ein Mangelzustand.

1.1

An die Stelle jedes Mangelzustandes muss (naturgemäß) der Zustand der Fülle kommen. Entweder durch Versorgung oder durch Verbrauch.

1.2

Hier beginnt die Suche nach Erfüllung.

1.3

Der Beginn der Suche nach Erfüllung öffnet, erregt und aktiviert unser gesamtes Wahrnehmungsvermögen.

1.31

Unser Wahrnehmungsvermögen ist (auch, *aber nicht nur*) unser Suchinstrument und besteht aus den fünf Sinnen, unserem gesamten inneren Empfinden und unserem Intuitionsvermögen: aus der *Totalität* also unseres spürenden, fühlenden Seins.

2

Der Bereich, in dem wir mit unserem Wahrnehmungsvermögen nach Erfüllung suchen, ist die uns erschlossene und zugängliche Welt.

2.0

Als psychophysische Organismen nehmen wir *bedingt* teil an der Gesamtheit der bedingten psychophysischen Wirklichkeit.

2.01

Das bedeutet, dass unseren Erfahrungs- und Wissensmöglichkeiten *nur ein Teil von allen Möglichkeiten* zur Verfügung steht.

2.02

Das geschieht, weil wir *begrenzte* Wesen sind, so wie jede andere psychophysische bzw. bedingte Entität (existierende Energiegeformtheit oder Wesenheit) begrenzt ist.

2.1

Unser begrenzter Erfahrungs- und Wissenshorizont hat zur Folge, dass auch *der Bereich* begrenzt ist, in dem wir das finden wollen und können, was wir zur

Erfüllung unserer Bedürfnisse brauchen.

2.11

Somit ergibt sich eine *Begrenztheit* der Erfüllungs-möglichkeiten unserer Bedürfnisse.

2.2

Doch diese Begrenztheit ist nicht immer automatisch gegeben, sondern ergibt sich aus der *Kombination* (a) der objektiven Begrenztheit aller Möglichkeiten *mit* (b) dem zeitlich jeweiligen Stand unseres Erfahrungs- und Wissenshorizonts aller Möglichkeiten *und* (c) dem uns raumzeitlich verfügbaren Bereich innerhalb des Gesamtbereichs aller Möglichkeiten.

2.21

Wenn ich zum Beispiel Durst habe und mir weder Wasser noch ein sonstiger Trunk zur Verfügung stehen, so wird der Erfolg der Erfüllungssuche meines Durstlösch-Bedürfnisses von (b) meiner *Kenntnis* aller essbaren und *wasser*haltigen Substanzen (Früchte etc.) abhängen, *kombiniert* mit (a) der Gesamtheit aller *vorhandenen* diesbezüglichen Möglichkeiten und (c) meinem raumzeitlichen *Standort*.

2.211

So nutzt es mir z.B. nicht, wenn ich eine wasserhaltige Pflanze kenne, die *nicht* im Radius meines „momentanen" raumzeitlichen Standortes *vorhanden ist...*

2.3

Meine Erfolgschancen (zur Erfüllung von Bedürfnissen) erhöhen sich also durch das Erschließen größeren Wissens und die Erweiterung raumzeitlicher Zugänglichkeit.

2.31

Auch wenn es schwierig oder unmöglich ist, *alle* Erfüllungs-Möglichkeiten unserer Bedürfnisse zu kennen, ist es also immer möglich, diese Möglichkeiten durch Erweiterung unseres Erfahrungs- und Wissenshorizonts zu *vermehren*.

3

In einem Umstand ausreichender bzw. mehrerer Erfüllungsmöglichkeiten eines Bedürfnisses oder einer Notwendigkeit eröffnet sich uns die Möglichkeit des Wählens.

3.1

Der Erfolg der Erfüllung unserer Bedürfnisse kann glücklich verlaufen oder misslingen.

3.11

Das kann sowohl von den tatsächlich vorhandenen Erfüllungsmöglichkeiten als auch vom tatsächlichen Verlauf aller für den Erfüllungserfolg maßgebenden *Voraussetzungen* abhängen.

3.12

Eine dieser Voraussetzungen ist *die* oder *eine richtige Wahl*. Was ist damit gemeint?

3.2

In dem Augenblick, in dem sich uns mehr als nur eine Möglichkeit der Erfüllung eines unserer Bedürfnisse oder einer drängenden Notwendigkeit eröffnet, müssen wir *herausfinden*, ob und wie die vorhandenen Möglichkeiten unser Bedürfnis befriedigen oder die drängende Notwendigkeit erfüllen würden.

3.21
Wenn ich Durst habe, nichts Trinkbares dabei, aber sich ein Wasserbrunnen in der Nähe befindet, dann müsste ich *wenig*, d.h. *gar nicht* überlegen, was zu tun ist.

3.22
Habe ich aber auch genug Geld dabei, und neben dem Brunnen befindet sich auch ein Kiosk mit einer gewissen Auswahl an Getränken, kann ich oder werde ich darüber *nachdenken*, was die richtige oder für mich wohltuendere *Wahl* wäre.

3.23
Je nach Lebenssituation und den jeweiligen vorhanden Umständen haben wir manchmal die *Freiheit*, eine Wahl zu treffen, aber in anderen Fällen sind wir *gezwungen*, eine Wahl zu treffen.

3.231
Die Freiheit der Wahl zu haben, und diese Freiheit

immer zu vergrößern, ist ein guter Kompass für ein erfüllenderes Leben.

3.232

Genauso ist es von nicht kleinem Vorteil, uns von immer mehr von den vorhandenen Zwängen zu befreien.

3.3

„Wählen" bedeutet, sich für eine von vielen Erfüllungs-Möglichkeiten eines Bedürfnisses oder auch einer anderen Notwendigkeit zu entscheiden. Was bedeutet ‚entscheiden'?

4

(Wahres) Entscheiden bedeutet den Akt des (unwiderruflichen) Sich-Festlegens.

4.1

‚Entscheiden' oder ‚sich entscheiden' bedeutet, *sich* für eine von mehreren (von mindestens zwei) Erfüllungsmöglichkeiten eines Bedürfnisses oder einer Notwendigkeit *festzulegen*.

4.11

‚Sich festlegen' bedeutet, sich jetzt einer bestimmten zukünftigen Weise-zu-sein oder -zu-handeln oder -sich-zu-verhalten *unwiderruflich verpflichten*.

4.111

‚Sich verpflichten' in dem Sinne, dass das jeweilige Verhalten, Handeln oder Sein in der bestimmten künftigen Zeit nicht mehr spontan bzw. frei sein wird oder darf, sondern *so, wie jetzt bestimmt*.

4.112

‚Unwiderruflich' in dem Sinne, dass *jetzt schon wie entschieden gehandelt wird* oder dass es eine Gewissheit und Faktizität ist, dass künftiges Verhalten,

„Mein Leben ist die Geschichte einer Selbstverwirklichung des Unbewußten. Alles, was
im Unbewußten liegt, will Ereignis werden,
und auch die Persönlichkeit will sich aus
ihren unbewußten Bedingungen entfalten
und sich als Ganzheit erleben."

Carl Gustav Jung

Handeln oder Sein das *jetzt entschiedene sein wird.*

4.2

Es gibt unterschiedliche Situationen, in denen es notwendig bzw. wichtig ist, Entscheidungen zu treffen.

4.21

Je nach Grad der Notwendigkeit und Wichtigkeit einer Entscheidung ergeben sich drei Sorten des Entscheidens.

5
Es gibt das „luxuriöse", das sinnvolle und das existenzielle Entscheiden.

5.1
Beim „luxuriösen" Entscheiden geht es um „Geschmack", um das „berühmte" i-Tüpfelchen oder möglicherweise um eine postmoderne Neurose.

5.11
Was macht es für einen Unterschied, ob ich Schoko- oder Erdbeercreme aufs Vanilleeis bekomme?

5.111
Sollte ich so etwas nicht spontan entscheiden können, dann könnte ich eine Münze werfen.

5.112
Nichts dagegen, sich in das einzufühlen, was einem möglicherweise besser schmecken würde. Sollte es jedoch einen ziemlich *ernst* beschäftigen, dann „riecht es" nach Neurose.

5.12
Entscheidungs*fehler* sind beim „luxuriösen" Ent-

scheiden *nicht bedrohlich* oder *schwerwiegend*.

5.13

Doch bei den nächsten zwei Sorten des Entscheidens *schon*...

5.2

Beim *sinnvollen* Entscheiden geht es um die Wahl zwischen einander (eher, fast oder ganz) ausschließenden Komponenten, die für die Qualität oder/ und *Aufrechterhaltung* unseres Lebens in einer bestimmten Hinsicht wichtig sind.

5.21

Wenn eindeutig unterschiedliche Möglichkeiten des Seins, des Verhaltens oder des Handelns mein zukünftiges Leben grundsätzlich oder in einer seiner maßgeblichen Facetten *jetzt* stark zum Nachteil, Vorteil oder größeren oder größten Vorteil *zu verändern versprechen, dann ist es sinnvoll*, mich für die richtige zwischen diesen Möglichkeiten *zu entscheiden*.

5.3

Je grundsätzlicher oder elementarer es bei einer

Wahl um die Aufrechterhaltung unseres Lebens geht – ob in seinem körperlichen, seelischen oder geistigen Aspekt – desto angemessener ist es, von einem *existenziellen* Entscheiden zu sprechen.

6

Die uns zum Vollziehen einer Entscheidung verfügbaren instrumentellen „Mittel" sind Intuition und/oder Verstand; sie können den zu einer Entscheidung benötigten Zustand des Vertrauens und/oder der Überzeugung „erzeugen".

6.11

Auch wenn sich die Richtigkeit eines Entscheidungsaktes *nur in der Zukunft* zeigen kann, so muss ein Entscheidungsakt *unabhängig* von einem zukünftigen Erfolg oder Misserfolg immer *in der jeweiligen Gegenwart* vollzogen werden.

6.12

Beim (jeweils gegenwärtigen) Vollziehen einer Entscheidung stützen wir uns in unserem Entscheidungs*vermögen* sowohl auf den Boden der vergangenheitsgesättigten Gegenwart als auch auf die Projektion der (ungewiss) erfühlten/vorgestellten Zukunft.

6.2

Da Entscheiden sich immer im Hinblick auf die Zukunft vollzieht, die ungewiss ist, muss dieser (jeweils gegenwärtige) Vollzug im Zustand *des Vertrauens* und/oder *der Überzeugung* stattfinden.

6.21

Eine Entscheidung *im Vertrauen* vollziehen, bedeutet, dass die aus dieser Entscheidung heraus erwarteten Folgen deshalb eintreten „werden", weil dies den Wirklichkeitsgesetzen entspricht, die sich aus unserer bisherigen *subjektiven* und zum größeren Teil *unbewusst-intuitiv-erfolgreichen* Gesamterfahrung ergeben.

6.22

Eine Entscheidung *aus Überzeugung* vollziehen, bedeutet, dass die aus dieser Entscheidung heraus erwarteten Folgen deshalb eintreten „werden", weil dies den Wirklichkeitsgesetzen entspricht, die sich aus unserer bisherigen *subjektiven* und zum größeren Teil *bewusst-beobachtend-erfolgreichen* bisherigen Gesamterfahrung ergeben.

6.3

Der Zustand des Vertrauens erwächst aus unserem *mehr intuitiven* Wahrnehmungsvermögen.

6.31

Intuition ist die feinste und deshalb auch die freieste Form des Empfindens. Sie bedeutet *das Hineinfühlen in das dem gröberen Wahrnehmungsvermögen Verschlossene.*

6.4

Der Zustand der Überzeugung erwächst aus unserem *mehr verstandesmäßigen* Wahrnehmungsvermögen.

6.41

Verstand ist das Vermögen, durch das bisher bewusster Erlebte *zu erkennen, zu verstehen, zu durchdringen* und *zu urteilen.*

6.5

Beim Entscheidungsakt sind Intuition und Verstand gleichzeitig beteiligt.

6.6

Eine Entscheidung x für eine von mehreren unterschiedlichen Möglichkeiten *findet dann statt,* wenn die Gesamtheit aller (bewussten und/oder unbewussten und aller erspürten und/oder nachvollzogenen) Gründe *für diese eine Möglichkeit x* der Gesamtheit der Gründe für eine oder mehrere andere Möglichkeiten *deshalb überlegen ist,* weil *durch sie* der (jeweils gegenwärtig) größtmögliche *Grad an Vertrauen und/oder Überzeugung* erreicht wird.

7

Die Kunst des sinnvollen und existenziellen Entscheidens besteht darin, das zu tun, was uns eine intelligente Spontaneität klar „sagt", die in einer kontinuierlich umfassenderen Realität gründet.

7.0

Je *komplexer* eine jeweilige Realität oder Situation ist, desto anspruchsvoller wird unser Entscheidungsvermögen *herausgefordert*.

7.01

Das bedeutet nicht zwingend größeren Stress *oder überhaupt Stress*.

7.02

Es bedeutet nur, dass wir eine komplexere Entscheidung *um so leichter und sicherer* treffen werden, je *tiefer und weiter* die Weisheit unserer Intuition und unseres Verstandes ist.

7.03

Das Potenzial tieferer und weiterer Weisheit ist anzapfbar in der *„Unendlichkeit"* des Erfahrungsuniversums.

7.1

Je mehr *Reales* (mit den Gesetzen der Wirklichkeit *Übereinstimmendes*) wir im Erfahrungsuniversum erleben und verinnerlichen, desto tiefer und weiter die Weisheit unserer Intuition und unseres Verstandes.

7.2

Je tiefer und weiter die Weisheit unserer Intuition und unseres Verstandes, desto umfassender und intelligenter unsere Entscheidungsspontaneität: unsere Fähigkeit also, durch eine jeweils gegenwärtige *Gesamtaktivierung* unseres Fühlens und Wissens *die*

7.3

Erfüllungsmöglichkeit eines Bedürfnisses oder einer Notwendigkeit zu wählen, die jetzt *realitäts-gesättigter-und-durchdrungener* als alle anderen ist.

7.31

Denn es ist empfehlenswert, nach Erfüllungsmöglichkeiten von Bedürfnissen oder Notwendigkeiten Ausschau zu halten, die ihrerseits *auch real* sind und nicht *illusionär*...

7.4

Begnadet, wer *antworten* kann: Was <u>muss</u> ich *wirklich* entscheiden?

17.

Über das

Lernen

1

Wir sind eine geschlossene und gleichzeitig offene Organismizität.

1.1

Wir sind ein lebendiges energetisches System, das sich aus einer multidimensionalen Gesamtheit von miteinander-angeordneten Energieverdichtungen bzw. energetischen Subsystemen zusammensetzt.

1.11

Solche Subsysteme können Moleküle, Mitochondrien, Zellen, Organe und auch Funktionen, Aktionen und Zustände sein.

1.2

Die Dynamisiertheit eines lebendigen Energiesystems ist eine charakteristische Eigenschaft seiner *Organismizität*.

1.3

Als dynamisierte lebendige energetische Systeme sind wir sowohl eine geschlossene als auch eine offene Organismizität.

1.31

Wir sind eine *geschlossene* Organismizität, weil die *funktionelle* Identität der energetischen Angeordnetheit, die wir sind, *relativ diachronisch* ist, d.h. durch eine bestimmte Zeit hindurch relativ bestehen bleibt.

1.32

Wir sind eine *offene* Organismizität, weil sich die *stoffliche* – und daher die *gesamt-psychophysische* – Identität der energetischen Angeordnetheit, die wir sind, *relativ transformiert*, d.h. sich durch eine bestimmte Zeit immerwährend relativ verändert.

1.4

Auch das Werden, dem wir von unserer Geburt bis zu unserem Tod „unterliegen", ist *geschlossen*, weil die bedingte menschliche Wirklichkeit in mehreren Aspekten naturgesetzlich begrenzt ist, und *offen*, weil der Verlaufsweise und der existenziellen Expressivität unseres Seins viele unterschiedliche Weltenmöglichkeiten offen stehen bzw. so oder so „entgegenkommen"...

2

**Der „Zusammenprall" unserer offenen Orga-
nismizität mit den „Inhalten" unseres energetischen Containers führt eine Reihe von „Störungen" oder Perturbationen herbei.**

2.0

Die Eigenschaften, die ein lebendiges System (wie
uns) ausmachen, konstituieren die Bedingungen
der Möglichkeit eines Adaptivitätsvermögens; der
Fähigkeit, sich anzupassen.

2.01

Das Adaptivitätsvermögen besteht nicht nur darin,
nach einer vorherigen Passivität oder Aktivität auf
äußere Hindernisse oder Störungen zu reagieren,
sondern auch darin, sich einer noch nicht existie-
renden selbstgewählten „Wirklichkeit" anzupassen
bzw. sich in ihre Richtung zu verändern.

2.1

Die Notwendigkeit einer Anpassung ergibt sich
aus der simultanen Gegebenheit unseres relativen
Wohlbefindens-durch-den-äquilibrischen-Zustand
und unseres permanenten-energetischen-„Gestört-

werdens" von der uns „unendlich" durchdringenden und enthaltenden Wirklichkeit.

2.11

Dieses „Gestörtwerden" kann relativ positiv und/oder relativ negativ erlebt oder subjektiv bewertet werden.

2.111

Negativ kann Hunger oder eine emotionale Verletzung erlebt werden.

2.112

Positiv kann Nahrung oder eben emotionale Genährtheit erlebt werden.

2.2

Nach jedem „Gestörtwerden" oder einer Perturbation wird unsere äquilibrische Tendenz automatisch aktiv.

2.21

Die äquilibrische Tendenz, oder der uns innewohnende Impuls, im psychophysischen Gleichgewicht zu sein, im Zustand des Äquilibriums, ist der Motor einer jeden unserer unbewussten oder bewussten Aktivitäten. Wodurch?

3

Jede ausreichend starke Perturbation unserer gesamt-organismischen Ausgeglichenheit aktiviert den Vorgang der Äquilibration.

3.1

Das Equilibrium oder Äquilibrium ist der Zustand des gesamtorganismischen Gleichgewichts.

3.11

In ihm und als er sind wir „motivationslos" zufrieden; ein spannungslos-lebendig-vibrierender organismischer Fluss; ein psychophysisch ruhiges Fließen; eine wonnige Synchronizität von Veränderung und Kontinuität; von Werden und Sein.

3.2

Dieses Äquilibrium wird aus unterschiedlichen Gründen „gestört" und gestört; d.h. natürlich und unnatürlich.

3.21

Der äquilibrische Zustand hinsichtlich unserer Genährtheit z.B. besteht darin, dass wir nicht hungrig sind.

3.210

Nun können wir gar nicht hungrig sein oder nur ein wenig oder genug oder sehr stark;

3.211

sind wir *gar nicht* hungrig, so löst unsere äquilibrische Tendenz *noch keine Aktiviertheit* in Richtung Nahrung aus;

3.212

sind wir *ein wenig* hungrig, so wird sie *sanft wach;*

3.213

sind wir hungrig *genug,* so hat sie uns längst in eine Aktiviertheit hineinversetzt, die *energetisch zielstrebig ist und kein Zurück kennt;*

3.214

sind wir *sehr* hungrig, so verwandelt sie Nahrung zu einem unwiderstehlichen, ja *nicht zu entkommenden* Magneten.

3.3

Ob Hunger, emotionale oder unterschiedlich geartete psychophysiche oder noetische Bedürftigkeit, Langeweilebekämpfung, Trauerbewältigung, Verwirrungsbeseitigung, Ekstase„verdauung" oder Sonstiges unsere Äquilibrizität „attackiert", diese wird dann eine Aktion in die Richtung ihrer Wiederherstellung auslösen, wenn der Störungsgrad der jeweiligen Perturbation unsere psychophysisch-gesamtenergetische Verträglichkeitstoleranz überschreitet.

3.4

Den Vorgang der Wiederherstellung eines gestörten Äquilibriums bezeichnen wir Äquilibration.

4

Im Laufe der Zeit eignen wir uns durch den Äqui-librationsprozess diejenigen Handlungsweisen an, die sich bewähren.

4.1

Der Ursprung, die Natur und die Beschaffenheit unserer Bedürfnisse variieren immer je nach der Kombination und der Art des Zusammentreffens bzw. der Verflochtenheit

4.11

unseres jeweiligen biologischen und psychophysisch-geistigen Entwicklungs- und Wachstumsstadiums und

4.12

unseres jeweiligen Wirklichkeitssystems.

4.121

Unser jeweiliges Wirklichkeitssystem ist die jeweilig raumzeitliche Strukturiertheit oder Angeordnetheit

4.1211

aller Elemente bzw. Entitäten bzw. „Inhalte" unserer

„Wir sind in der Ausbildung unserer Persönlichkeit nie fertig, aber die Dynamik dieses Prozesses nimmt zum Erwachsenenalter hin stark
ab. Es ist sogar so, dass das Erwachsenwerden
ganz typisch mit dieser Stabilisierung der Persönlichkeit verbunden ist – man sagt, dass eine
Person endlich »zu sich gefunden hat«."

Gerhard Roth

Wirklichkeit und

4.1212
der Gesamtheit der Beziehungen zwischen diesen.

4.2
Wie auch immer unsere Bedürfnisse beschaffen sind, sie generieren immer eine Motivationskraft für Handlungen, die ihrer Erfüllung dienen sollen und damit die Wiederherstellung unserer psychophysischen Äquilibrizität gewährleisten.

4.3
Durch unsere Erziehung, Erfahrung und selbstreflektierende Entwicklung lernen wir Handlungsweisen kennen, die unsere Bedürfnisse erfüllen, und solche, die es nicht tun bzw. vermögen.

4.4
Wie nehmen die erfolgreichen Handlungsweisen an und verinnerlichen bzw. automatisieren sie durch Wiederholung.

5

Bewährte äquilibrische Handlungen ermöglichen uns den Akt des Assimilierens.

5.01

Die Gesamtheit der verinnerlichten erfolgreichen (unsere Bedürfnisse befriedigenden) Strategien konstituieren unsere (nun längst erprobte) Handlungsbereitschaftsstruktur, durch die wir mit einer bestimmten Anzahl von Handlungsmöglichkeiten ausgestattet sind.

5.02

So behandeln bzw. lösen wir z.B. neue mathematische Probleme mit unserer bereits erprobten und verinnerlichten mathematischen Intelligenz.

5.03

Oder wir verhalten uns anderen gegenüber emotional auf eine Weise, die in der Vergangenheit sowohl uns als auch die anderen zufriedenstellte.

5.1

Im Allgemeinen also nehmen wir die Wirklichkeit wahr mit der Brille eines schon durch bisherigen

Erfolg erprobten inneren Modells der Wirklichkeit und interpretieren sie und interagieren mit ihr durch dieses innere Model und durch das mit ihm verbundene Spektrum von Handlungsmöglichkeiten.

5.2

Also begegnen und entgegnen wir jeder zeitlich neuen Wirklichkeit auf eine Weise, die mit unserem schon aufgebauten Wirklichkeitsmodell konform geht. In diesem Sinne gleichen wir jede zeitlich neue Wirklichkeit den Strukturen unserer schon vorhandenen Wirklichkeit an.

5.3

Jeden solchen Akt nennen wir *Assimilation*.

6

Perturbationen, die nicht assimilierbar sind, müssen/sollen früher oder später durch unsere Anpassung an die perturbierende Ursache beseitigt werden; durch den Akt des Akkommodierens.

6.1

Was passiert, wenn eine assimilierende Handlung nicht in der Lage ist, nach einer Perturbation unseren äquilibrischen Zustand wiederherzustellen?

6.11

Wenn wir jemanden weinen sehen, so könnten wir durch unsere Entwicklung gelernt haben, dass wir diese Person trösten sollten und auffordern, mit dem Weinen aufzuhören, da wir uns schon mal mit Erfolg so verhalten haben; die Person war danach zufrieden...

6.12

Was ist aber, wenn wir bei einer ähnlichen Situation dasselbe täten und die Person wütend auf uns reagieren würde, weil sie mit dem Weinen *nicht* aufhören *will*?

6.21

Oder wir können herausfinden, wie viel zwei Drittel von zwei Vierteln eines Kuchens sind;

6.22

was tun wir aber, wenn wir etwas überfordert damit sind, uns bildhaft vorzustellen und durchzuschauen, wie viel sieben Neuntel von zwei Fünfteln von vier Siebteln sind?

6.23

Was tut ein kleines Kind, wenn es zum ersten Mal erstaunt feststellt, dass ein Keks *nicht biegsam ist* wie Brot?

6.24

Was passiert kognitiv in einem Gläubigen, der an die Omnipotenz eines übernatürlichen Wesens glaubt, aber jetzt *nicht die Behauptung auflösen kann,* dass keiner einen Stein erschaffen kann, der schwerer ist als er heben kann?

6.3

Der Sinn des Weinens, das Malnehmen von Brüchen, die Unbiegsamkeit des Kekses, die Unmöglichkeit einer Omnipotenz, oder eine psychisch schwer zu ertragende veränderte Wirklichkeit und noch viel mehr; in allen diesen nicht leicht überwindbaren Perturbationsfällen gibt es drei Reaktionsmöglichkeiten.

6.31

Die erste, *Assimilieren*, bringt nicht viel, die Perturbation bleibt, denn die neue Information sprengt unsere bisherige „Software" der Handlungsmöglichkeiten.

6.32

Die zweite ist, dass wir die Perturbation *unverändert so stehen lassen;* doch die schon verursachte Störung unserer inneren Ordnung wird dann bleiben und so setzt sich ein Ungleichgewicht – mit allen seinen möglichen Konsequenzen – in uns fest.

6.33

Bei der dritten Möglichkeit *transformieren* wir *uns*. *Wir sind* diesmal diejenigen, die sich an der Wirklichkeit der neuen nicht zu assimilierenden Perturbation *angleichen*.

6.41

Das Angleichen *in diese* Richtung nennen wir *Akkommodation.*

6.42

Der Akt des Akkommodierens besteht darin, dass wir die psychokognitive (und damit auch die physische) Struktur, die wir sind, entweder *neu ordnen* oder durch *neue Inhalte und neue Beziehungen* erweitern oder beides, so dass sich das Spektrum unserer Handlungsmöglichkeiten qualitativ *transformiert* oder um neue psychokognitive Dimensionen *wächst.*

7

Wesentliches Lernen besteht im Akkommodieren. Erfahrung im Akkommodieren bereichert unsere Lebensintelligenz.

7.01

Sicherlich können wir lernen, d.h. unser Wissen verändern, indem wir weitere Informationen anhäufen; z.B. können wir uns die Namen weiterer Hauptstädte dieser Welt aneignen;

7.02

ein solcher Lernakt jedoch erfordert keine besondere Veränderung unserer psychokognitiven Struktur, denn wir können neue Hauptstädte-Namen so lernen wie die, die wir schon kennen, auf eine schon bekannte Weise, also durch *assimilierende* Akte. Nicht so in den Beispielen oben (6.2).

7.1

Wesentliches Lernen erfordert *Akkommodationen*.

7.2

Akkommodationen erfordern eine *Neustrukturierung* und damit eine *grundlegende Wandlung* und ein *qualitatives Wachstum* der psycho-kognitiven Struktur, *die wir sind*, d.h. unserer *Identität*.

7.3
Somit ist akkommodierendes Lernen prägender und existenzieller, denn es verändert unser lebendiges *Wesen*.

7.4
Nicht zuletzt besteht *wesentliches* Lernen *im Akkommodieren,* weil wir nur durch das Akkommodieren das *wahre Ausmaß* unseres noch schlummernden Potenzials kennenlernen und *leben* können.

7.5
Assimilieren und Akkommodieren sind Akte, die uns nach Perturbationen (Äquilibriumsstörungen) organismisch äquilibrieren.

7.6
Sehr oft wachsen wir dadurch, dass wir neue „Störungen" der Wirklichkeit mit Akkommodationen *ausgleichen*, indem wir uns an das „Störende" dieser Wirklichkeit *angleichen*.

7.7

Haben solche Akkommodationen Wurzeln geschlagen, so erweitern sie unser assimilierendes Handlungsspektrum. Aber noch wichtiger:

7.8

Je reicher unsere akkommodierende Intelligenz, desto vorbereiteter sind wir für das Unerwartete der vielfältig gestaltbaren Realität.

18.

Über das
Meistern

1

Als menschliche Lebewesen sind wir für die Natur und Wirklichkeit, in der wir entstanden sind und existieren, mit physischen, psychischen und kognitiven Fähigkeiten *ausgestattet*.

1.1

Wir können von unserer Natur aus *fühlen* und mit mehreren Sinnen *wahrnehmen*.

1.11

Unser Fühlen umfasst mehrere *Dimensionen des Spürens* und das ganzheitlichere Vermögen des *Bewusstseins*.

1.2

Wir sind von Natur aus lebendige Energie und haben daher *Wünsche, Emotionen und Stimmungen, Vorlieben und Aversionen, Appetit auf Vieles, vielfältige Bedürfnisse* und sowohl einen *mehrdimensionalen Willen* als auch einen <u>sich selbst wollenden</u> *Lebenswillen*.

1.3

Wir haben *Vorstellungsvermögen*, wir können über

Wahrgenommenes und Erlebtes *reflektieren*, wir besitzen die Fähigkeit des *logischen Denkens*.

1.4

Nicht zuletzt können wir durch das *Gedächtnisvermögen* aufgenommene Informationen *speichern und abrufen*.

2

Wir können unsere *Lebensmöglichkeiten* verwirklichen durch das *Zusammenwirken aller unserer Fähigkeiten mit dem Stoff und dem Wirken der Wirklichkeit, so* wie sich diese Wirklichkeit aus unserer planetarischen und historisch-kulturellen Herkunft ergibt.

2.1

Wir leben und existieren in einer kosmisch-planetarischen Weltdimension.

2.2

Unsere bestimmte und einmalige menschliche Eigenart erwächst einerseits aus unserer planetarisch-ökologisch-biologischen *Natur* und andererseits aus den *Erfahrungen* innerhalb unserer *Lebensepoche*, der historischen und kulturellen Zeitsphäre also, in die wir hineingeboren worden sind.

2.3

Unsere Wirklichkeit besteht aus *Stofflichem*, aus Materie oder Energie also, und aus *Wirkendem*, aus den Kräften und Gesetzen also, die alles Stoffliche erhalten, beeinflussen oder bestimmen.

2.31

All dieses Stoffliche und Wirkende befindet sich innerhalb *dessen*, das wir den Raum der Welt oder den *Weltraum* nennen.

2.4

Auch wir bestehen als menschliches Sein aus Stofflichem und *auch wir* verfügen über Kräfte, mit denen wir auf vielfältige Weise wirken können.

2.5

Unser menschliches Leben und Sein wird in seinem Geschehen und Verlauf zum großen Teil von einer Gesamtheit der Wirklichkeit verursacht und bestimmt, die nicht unserer Kontrolle unterliegt. Deshalb verfügen wir *nicht* über die *absolute* Kontrolle unseres Lebens.

2.6

Über eine relative Kontrolle unseres Lebens verfügen wir jedoch schon. Bewusst oder unbewusst können wir auf vielfältige Weise wirken und dadurch Prozesse und Teile der Wirklichkeit verursachen und bestimmen, die das Geschehen und den Verlauf unseres Lebens im ganzen und in einzelnen seiner Facetten beeinflussen oder sogar oft klar gestalten.

3

Lebensmeisterschaft ist die ausreichende, vollständige oder sehr hohe Fähigkeit, die *Notwendigkeiten des Lebens zu erfüllen* und so viele dem Leben innewohnende *wertvolle Möglichkeiten zu verwirklichen*, wie es machbar und angemessen ist.

3.11

Das Geschehen, den Verlauf oder die Existenzweise von etwas *zu verursachen und zu bestimmen*, bedeutet, dieses etwas zu *kontrollieren*.

3.12

Und das Geschehen, den Verlauf oder die Existenzweise von etwas *kontrollieren* zu können, bedeutet, dieses etwas zu *meistern*.

3.21

Kontrollieren oder meistern können wir zum Beispiel das Radfahren oder unseren Umgang mit anderen Menschen und anderen Lebewesen oder den organisierten Verlauf unseres Alltags oder das freie Sich-Ereignen unserer Emotionen oder oder oder...

3.211
Die Liste aller Facetten, die wir meistern oder kontrollieren können in unserem Leben, ist lang.

3.22
Sobald es aber nicht um das Kontrollieren oder Meistern einer oder mehrerer einzelner Facetten in unserem Leben geht, sondern um unser Leben als Ganzes, reden wir darüber, dass wir *das Leben meistern*.

3.3
Das Meistern des Lebens geschieht in *zwei* Dimensionen.

3.31
Das Leben meistern wir, wenn wir die *Notwendigkeiten*, die das Leben von uns abverlangt, *erfüllen*. Solche Notwendigkeiten sind meistens mehr unabdingbar existenziell als überflüssig luxuriös.

3.32
Und das Leben meistern wir auch, wenn wir *darüber hinaus* viele *wertvolle Lebensmöglichkeiten und Lebenswirklichkeiten entfalten und erreichen.*

3.4

Beherrschen wir *beides* in einem *ausreichenden*, *vollständigen* oder *sehr hohen Grad*, dann erreichen wir dadurch *Lebensmeisterschaft*.

3.5

Lebensmeisterschaft ist die ausreichende, vollständige oder sehr hohe Fähigkeit, die *Notwendigkeiten des Lebens zu erfüllen* und so viele dem Leben innewohnende *wertvolle Möglichkeiten zu verwirklichen*, wie es machbar und angemessen ist.

4

Der *Grad* und die *Qualität* von *Lebensmeister-schaft* wird dadurch bestimmt, wie *tief* wir die grundlegendsten Lebensfähigkeiten verinner-licht haben.

4.1

Eine Fähigkeit haben oder Fähigsein bedeutet, das körperliche, geistige und seelische *Wissen* zu ver-körpern, und die *Kraft* zu haben, etwas zu *tun* oder zu *sein*.

4.2

Wir können sowohl *angeborene* Fähigkeiten erwei-tern und verstärken als auch *völlig neue* erwerben.

4.3

Wenn unsere Fähigkeit zu etwas ausreichend oder vollständig oder sehr hoch ist, so *beherrschen* wir dieses etwas.

4.4

Die Schritte zur Beherrschung einer Fähigkeit und zur Meisterschaft darin sind *Verstehen, Praktizieren, Erleben, Verinnerlichen* und *Meistern*.

4.5

Die grundlegendsten Fähigkeiten, aus denen sich Lebensmeisterschaft zusammensetzt, nenne ich *Lebensfähigkeiten*.

4.6

Alles Meistern des Lebens beginnt und bleibt auch aufrechterhalten damit, dass wir die *Energieversorgtheit*, die wir zum Leben und Handeln brauchen, *besorgen*. Dies kann auch als die wichtigste Lebensnotwendigkeit betrachtet werden, die wir erfüllen können müssen.

4.7

Alles, was für ein zu einem durchschnittlichen Grad entspanntes Leben *notwendig* ist, *erfüllen zu können* und *darin selbstständig zu sein*, macht grundsätzlich das *Erwachsensein* aus.

4.8

Handlungsintelligenz und *Selbstständigkeit* sind die zwei Lebensfähigkeiten, die den *qualifizierenden Kern des Erwachsenseins* ausmachen. Abgesehen von diesen zwei gibt es noch *weitere achtzehn* grundlegendste Lebensfähigkeiten.

4.9

Die insgesamt zwanzig wichtigsten Lebensfähigkeiten sind:

4.91

Entspannungsintelligenz, Spürvermögen und Authentizität.

4.92

Aufmerksamkeitsintelligenz, motivationale Intelligenz und emotionale Intelligenz.

4.93

Allgemeine Intelligenz und Verhaltensintelligenz.

4.94

Kommunikative Intelligenz und Sprachintelligenz.

4.95

Bodenständigkeit und Realismus.

4.96

Rationalität und Pragmatismus.

4.97

Handlungsintelligenz und Selbstständigkeit.

„Nicht alles ist leuchtend,
aber alles Leuchtende ist."

Dreyfus/Kelly

4.98

Lernintelligenz und Organisation.

4.99

Zufriedenheit und Freiheit.

5

Über das Erwachsensein hinaus bedeutet Lebensmeisterschaft auch *Lebenserfüllung durch Zufriedenheit*, die in *Genährtheit, Ruhe, Ganzsein* und *Freiheit* besteht.

5.0

Unser Leben kann unter günstigeren oder unter eher schwierigeren Umständen stattfinden.

5.1

Auch im Falle eines Lebens unter eher schwierigeren Umständen, die vor allem nicht in unserer Kontrolle liegen, ist *substanzielles Lebenswissen* entscheidend und ausschlaggebend, ja, sogar *notwendig* und *überaus wertvoll*.

5.2

Haben wir jedoch das Glück, unter elementar *günstigeren* Umständen zu leben, so trägt substanzielles Lebenswissen dazu bei, *ein erfüllendes Leben zu verwirklichen*.

5.3

Ein erfüllendes Leben zeichnet sich darin aus, dass

unser Leben von *Zufriedenheit* durchdrungen ist.

5.4
Zufriedenheit erreichen wir durch den Zustand und das Gefühl der *Genährtheit*, der *Ruhe*, des *Ganzseins* und der *Freiheit*.

6

Zu wahrer Lebensmeisterschaft gehört das *lebendige* **und** *deshalb* **meisterhafte** *Wissen* **darüber, (1)** *wie die Wirklichkeit „tickt"* **und (2)** *wie organismische Freiheit zu erreichen ist.*

6.01

Was *Meistern* bedeutet, nämlich die *tief verinnerlichte Fähigkeit zu etwas durch ausreichendes Verstehen, Praktizieren und Erleben,* ist klar.

6.02

Was *wichtig ist zu meistern,* welche *Lebensfähigkeiten* nämlich, auch das ist klar, da sich diese Fähigkeiten durch das Leben selbst ergeben und vom Leben „gefordert" werden.

6.1

Sowohl (a) *Lebensmeisterschaft* als auch (b) die *Lebensfähigkeiten* und (c) der Akt des *Meisterns selbst* sind jedoch *kein Selbstzweck,* sondern Lebensverwirklichungs*intelligenz*:

6.11

Zu Lebensverwirklichung gehört als erstes das *Auf-*

rechterhalten des Lebens. Und dazu müssen die *Grundbedürfnisse erfüllt* werden und *zyklisch* erfüllt *bleiben*.

6.12

Zu Lebensverwirklichung gehört als zweites die *Entfaltung* des Lebens. Und dazu müssen die *Bedürfnisse höherer Ordnung erfüllt* werden und *zyklisch* erfüllt *bleiben*.

6.2

Die *Erfüllung* aller menschlichen Bedürfnisse ermöglicht und gewährleistet den entsprechenden Zustand der *Genährtheit* auf jeder Ebene, *körperlich*, *geistig* und *seelisch* also.

6.3

Lebensverwirklichung und daher Lebenszufriedenheit ist gleichzusetzen mit dem Zustand *ganzheitlicher Genährtheit*.

6.4

Wenn wir ganzheitlich genährt sind, sind wir organismisch *frei*, weil wir *zufrieden*, *in Frieden* und *in-uns-selbst-ruhend* sind und *reaktionsfrei vibrieren*.

6.5

Es ist daher wichtig, dass wir unsere Bedürfnisse kennen, uns dieser bewusst bleiben und unser Leben zur ihrer Erfüllung hin organisieren.

6.6

Zum ganzheitlichen Organisieren unseres Lebens können/müssen wir auf vielfältige Weise wirken und dadurch Prozesse und Teile der Wirklichkeit verursachen und bestimmen, die das Geschehen und den Verlauf unseres Lebens im ganzen und in einzelnen seiner Facetten beeinflussen oder sogar oft klar gestalten (2.6).

6.7

Um Prozesse und Teile der Wirklichkeit erfolgreich verursachen und bestimmen zu können, müssen wir durch *lebendige* und *spürende Erfahrung*, *Wahrnehmung* und *Reflexion* das Wissen *darüber* verinnerlichen, *wie* sowohl die *menschliche* als auch die *ganze* Wirklichkeit *„tickt"*, nach welchen *unveränderlichen Gesetzen* und *Realitäten* sie also *„arbeitet"* oder *wirkt* und *stattfindet*, denn auf *diese* Wirklichkeit ist *Verlass*.

Organismische *Freiheit*, **der Zustand, der sich durch** *ganzheitliche Genährtheit* **ergibt und in dem wir** *zufrieden, in Frieden und in-uns-selbstruhend sind und reaktionsfrei vibrieren*, **führt unter Umständen auch zu „spiritueller" oder** *transzendental-existenzieller Realisation* **oder** *Verwirklichung*.

7.1

Freiheit als *Zustand* ist *organismische* Freiheit, ein zufrieden vibrierender Ruhe- und Genährtheitszustand des *Ganzseins*.

7.11

Der organismische Freiheits-Zustand erfolgt, wenn *alle physischen, psychischen und mentalen Grundbedürfnisse befriedigt werden* und dadurch das Leben *grundsätzlich* gemeistert ist, und wenn die einer *bestimmten Person ganz eigenen* Bedürfnisse *befriedigt werden* und dadurch *sich das Menschsein* dieser Person *vollständig entfaltet und ereignet*.

7.12

Solches Erfolgen organismischer Freiheit ist wahrer *Erfolg* im Leben, denn dadurch erfüllt sich *der* Sinn des Lebens, der darin besteht, dass das Leben, das wir sind, *so* stattfindet, *wie es von seiner Natur aus gedacht ist.*

7.2

Ganzsein bedeutet ein Leben in der *Vollständigkeit* und *Ungeteiltheit* der *eigenen Natur* und *Existenzbestimmung.*

7.3

Und *Heilsein* bedeutet das *Leuchten* der *eigenen Natur* und *Existenzbestimmung.*

7.31

Wenn organismische Freiheit (7.1) das *Ganzsein* ermöglicht, so ermöglicht ganzheitliches Klar-, Befreit- und Genährtwerden durch das *seiende Realisieren* des *Wesens der Wirklichkeit* ein *transzendental*-ganzheitliches *Heilsein*, das auch *Erleuchtung* oder *transzendental-existenzielle Realisation* genannt wird.

7.32

Solches *transzendental*-ganzheitliches Heilsein bedeutet eine *unübertreffliche* Genährtheit und *spurlos tiefe selbstleuchtende* Zufriedenheit, die „sich öffnet", wenn sich *kosmisch-organismisches Verstehen, Wissen, Verkörpern und Sein ausreichend vollzieht und vollständig ereignet.*

7.33

Auch *hierfür* sind die zwanzig wichtigsten Lebensfähigkeiten Mittel und Kompass, diesmal mit einem *grenzenlos ausgeweiteten* oder *transzendental ganzheitlichen* Wirkungsradius.

7.4

Ganzsein und Heilsein sind der Zustand *wahrer Lebens- und Existenzfülle* und deshalb die stärksten *Attraktoren und Motivatoren* jeglichen Handelns, Fühlens, Denkens und Seins.

7.5

Das Meistern, auch wenn es als Meisterakt des gelingenden Lebens und Seins *vielfältige und vereinzelte* Wirkungsbereiche haben mag, kann nicht anders als immer von den Sonnen des *Ganzseins* und *Heilseins* angeleuchtet und geleitet werden im Vollziehen von Lebensmeisterschaft.

7.6

Die Sonnen des *Ganzseins* und *Heilseins* erleuchten den Himmel und Weltraum einer (1) bedingungslosen, (2) das eigene Ich beinhaltenden, nährenden und auflösenden und (3) grundexistenziell-wonnigen und „unerträglich" glückseligen *Bejahungsunendlichkeit*, die *Liebe* heißt.

7.7

Dafür *bewusst* unsere zwei *wichtigsten* Ressourcen zu nutzen, nämlich *Zeit* und *Aufmerksamkeit,* lohnt sich wirklich.

7.8

Ganzsein und Heilsein bedeuten die Existenz *der* und *in der* Liebe.

7.9

Ganzsein und Heilsein ermöglichen das Dasein *leuchtend vibrierender Lebendigkeit in der und als Liebe.*

Teil IV:

Vibration und Leuchten

19. Das Leid und die Wirklichkeit

Ja, es gibt Menschen, die mit ihrem Leben immer wieder zufrieden sind. Genauso fühlen sich viele in dieser Welt – immer wieder – nicht nur *nicht* zufrieden, nun ja, zuweilen fühlen sich viele sogar ziemlich gequält; oder mit sinnlosem Leid versehen.

So viel wollen. Nicht genug bekommen. Kämpfen. Sich anstrengen.

Geliebtes verlieren. Zerstörung von Erschaffenem erleben.

Darauf achten, was erlaubt ist zu sagen. Daran verzweifeln, keinen oder nur selten jemanden zu haben, dem man grenzfrei alles sagen kann. Geschweige denn grenzfrei fühlen zu können. Mit Anderen. Vor Anderen.

Alleinsein oder Zusammensein? Sein oder nicht sein? Und *wie* sein?

Mit solchen Gedanken oder Feststellungen könnten wir uns unter anderem der buddhistischen Wahrheit anschließen, dass Leid die Regel – oder in gewisser Weise vorherrschend – ist im menschlichen Leben; und dass, wer diese Wahrheit anzweifelt, nicht realistisch genug ist; oder die notwendigen neuronalen Synapsen eines tatsächlich Erwachsenen entweder noch nicht zusammengebaut hat oder beim Zusammenbauen nicht so genau hinschaute.

„Ach!", könnte eine gegenüberliegende Meinungsfraktion prompt entgegnen: „Seid doch keine Mimosen. Wollt ihr mit Illusionen weiter leben? Gut. Bitteschön. Nur beschwert euch nicht, wenn die Wirklichkeit immer wieder dazwischen funkt. Oder aber ihr geht ein paar wache Runden spazieren, ihr schaut euch die Welt genau an, ihr flüchtet nicht vor dem, was zu schauen und zu spüren ist, und nachdem euch klar wird, wie die Welt tickt, dann lebt voll. Nicht mehr und nicht weniger."

Wie die Welt tickt? Welche Welt? Oder: was genau ist damit gemeint? Was ist die Welt? Hängt das nicht von der Perspektive ab? Oder geht sie eben weit darüber hinaus? Was ist die Wirklichkeit? Wie mit dem Leid darin umgehen? Und wie ist volles oder erfüllendes Leben möglich?

20. Das Schlechte und das Gute

Es gibt bestimmt immer sowohl schlechte als auch gute Nachrichten. Oder Umstände. Oder Situationen. Sowohl persönlich und individuell als auch gesellschaftlich und global. Es kommt immer darauf an, welche Perspektive man einnimmt. Und davon gibt es viele. Ich greife mal zwei heraus.

Eine von den vielen traurigen Tatsachen in der Welt, sowohl geschichtlich als auch gegenwärtig betrachtet, ist die Unentwickeltheit des Menschen. Oder auch anders betrachtet: die Unzufriedenheit des Menschen. Oder der problematische Zustand des Menschen. Nicht jedes einzelnen Menschen. Sondern im Großen und Ganzen.

Das betrifft zum Beispiel die globale Vernichtung der lebendigen Grundlagen für eben lebendige Organismen, einmal für die Menschen selbst also und dann auch für alle anderen lebendigen, weil fühlenden, Wesen. Umweltzerstörung. Produktion von Unnötigem. Blinder Wachstumszwang. Der blinde, dunkle Welt-Wille Schopenhauers kommt mir hier in den Sinn.

Und jetzt nehmen wir mal eine der positiveren Perspektiven ein. Gewisse statistische Fakten weisen darauf hin, dass wir geschichtlich doch Fortschritte erzielt haben. Im Jahrhunderte-Vergleich nämlich ist die Armut sehr stark reduziert, die meisten gehören – in bestimmten Ländern – zur Mittelklasse und so gut wie alle – also neun von zehn – unter 25 sind alphabetisiert.

Kein Zweifel. Vieles hat sich verbessert; verglichen mit der längeren Vergangenheit.

Also entwickeln wir Menschen uns schon weiter? Oder doch nicht? Ist alles besser oder schlechter geworden? Oder beides? Ist also gleichzeitig vieles besser geworden und vieles schlechter?

Oder ist diese noch andere Ansicht vielleicht die richtigere? Dass wir uns zwar technologisch sehr entwickelt haben? Einhergehend mit angenehmen Lebenskonsequenzen? Und dass es moralisch und zwischenmenschlich und politisch zum Teil gute Fortschritte gibt? Und dass wir uns aber gleichzeitig nicht unbedingt glücklicher fühlen als Menschen früher? Oder dass wir uns hinsichtlich eines erfüllenden Daseins emotional und vielleicht auch geistig, spirituell oder existenziell nicht unbedingt weiter entwickelt haben?

Und schließlich, wer hat denn überhaupt nach-gewiesen, dass die Evolution im Sinne der natür-lichen Selektionstheorie (sofern diese insgesamt stimmt) immer eine gute, ja bessere Weiterentwick-lung bedeutet? Vorausgesetzt es herrscht Einigkeit darüber, was denn das Bessere beziehungsweise das Gute ist. Was also ist das Gute?

21. Die Natur des guten Lebens

Was gut ist oder wäre, davon haben wir schon eine Vorstellung; immer. Nicht wahr? Schon unsere Biologie dirigiert uns unmissverständlich zu allem hin, was wir brauchen. Und was wir brauchen, kann doch nur gut sein.

Gibt es irgendeinen Zweifel daran oder Wissensbedarf darüber, dass Wasser gut ist, vor allem, wenn wir durstig sind? Und reicht das nicht als Beispiel, um das *biologisch insgesamt Gute* zu untermauern?

Das Gute ist das, was wir biologisch brauchen, jedoch wenn es in seiner natürlichen oder schonend bearbeiteten Form unser organismisches Ganzsein und Heilsein unterstützt, fördert, aufrechterhält, vervollständigt; und überhaupt ermöglicht und nährt.

Wenn wir dann über unterschiedliche Weisen der Befriedigung unserer Bedürfnisse reflektieren, dann reflektieren wir ja auch schon über das, was das gute Leben oder ein gutes Leben im ganzen ist. Emotional. Geistig. Physisch. Ganzheitlich.

Es gehört zu unserer Natur, dass wir erst in der *Lebendigkeit* wirklich da sind und vollständig vibrieren, in dem Zustand also, in dem wir ganzkörperlich durchdrungen sind von einem belebenden bis erhebenden Genährtsein, das durch die Versorgung aller Dimensionen unserer menschlichen Organismizität zustande kommt.

Solche ganzheitliche Genährtheit ermöglicht also urnatürliches Ganzsein oder das energetische Scheinen und Vibrieren in der von unserer Natur aus gedachten Fülle, weil alle menschlich-organismischen Bedürfnisse durch die ihnen jeweilig entsprechende Energiebeschaffenheit be-fried-igt werden.

Solche Befriedigung von Bedürfnissen lässt uns in den *Frieden* des existenziellen Zu-*frieden*-heitszustands hinein, der mit dem Zustand *organismischer Freiheit* auch gleichzusetzen ist.

Der Zustand organismischer Freiheit ist *selbstleuchtend*, denn in ihm erst sind wir tiefste, weil freieste, *Zugelassenheit* und *sich-selbst-wollende* Existenz und daher auch restlose Lebens- und Existenz*bejahung*.

Bejahung bedeutet nichts anderes als das Empfinden oder Zeigen des Zusammensein-Wollens mit etwas. Und grundexistenziell-wonnige und glückselige Bejahung zu etwas ist *Liebe* zu etwas. Und Bejahung als *Zustand* ist der In-Liebe-Zustand.

Es gehört also zu unserer Natur, dass wir erst *in der* und *als Lebendigkeit* wirklich da sind und vollständig *vibrieren*, und es gehört zu unserer Natur *genauso*, dass wir erst *in der* und *als Liebe* wahrhaftig existieren und frei *leuchten*.

Vibration und Leuchten

↑

Lebendigkeit und Liebe

↑

Ganzsein und Heilsein

↑

Zufriedenheit und Freiheit

↑

Lebensgenährtheit

↑

Lebensmeisterschaft

↑

Meisterakte und Lebensfähigkeiten

↑

Spüren und Brauchen

↑

Leben und Wirklichkeit

Lebensmeisterschaft entschlüsselt

„Yoga ist Vereinigung. Der ewige Geist wohnt in der Höhle des Körpers. Wenn die beiden verschmelzen - das ist Yoga."

Nityananda

22. Das Verkörpern der Lebenskräfte

Wir sind ein *energetisches Ereignis*. Das energetische Ereignis, das wir sind, *kommt* zu seiner Bestimmung, dazu also, sich vollständig zu ereignen, wenn die dazu notwendigen und *vorgesehenen Kräfte* in ihrer Entfaltung, in ihrem Fluss, in ihrem Wirken und in ihrem Vibrierfeld *nicht* gestört oder verwirrt, geschweige denn *gestoppt* werden.

Dafür müssen wir *sorgen*. Sicherlich innerhalb des tatsächlichen Radius unserer Möglichkeiten. Und auf keinen Fall durch Verleugnung oder Verletzung menschlicher, anders-organismischer und weltlicher Gesetze und Gesetzmäßigkeiten.

Wir müssen sowohl das auflösen, was uns besorgt, als auch das besorgen, was unsere Zufriedenheit und Freiheit, unser Ganzsein und Heilsein vertieft und vervollständigt.

Auch wenn dafür *alle* der zwanzig wichtigsten Lebensfähigkeiten unerlässlich sind, zentrieren sich alle vorrangig um zwei von ihnen herum: um das *Spürvermögen* nämlich und um die *Handlungsintel-*

Zufriedenheit und Freiheit

↑

Lernintelligenz und Organisation

↑

Handlungsintelligenz und Selbstständigkeit

↑

Rationalität und Pragmatismus

↑

Bodenständigkeit und Realismus

↑

Kommunikations- und Sprachintelligenz

↑

Allgemein- und Verhaltensintelligenz

↑

Motivationale und emotionale Intelligenz

↑

Entspannungs- und Aufmerksamkeitsintelligenz

↑

Spürvermögen und Authentizität

Die wichtigsten Lebensfähigkeiten

ligenz. Denn die grundsätzlicheren der zwanzig Lebensfähigkeiten werden erst *durch* das Spürvermögen möglich, durchleuchtet und dynamisiert, und alle anderen setzen im Grunde die gesamte Beschaffenheit der *Handlungsintelligenz* zusammen.

Ist unser *Spür*vermögen intakt, offen, rein und untrüglich, so zeigt sich klar alles, was wir brauchen. Und alles, was wir brauchen, die Gesamtheit unserer Bedürfnisse also, erfüllen wir, indem wir *handeln*:

– so, wie es sich gehört, und

– so sehr, wie die Umstände unserer Wirklichkeit es erlauben,

– sowohl alltäglich, zyklisch, routiniert und im eher kurzzeitigeren Modus

– als auch im Verfolgen längerfristigerer Ziele und Lebenspfade und im eher langzeitigeren Modus.

Wir sind Energie. Wenn wir diese Energie physisch, geistig oder seelisch bündeln, so können wir sie gezielt lenken, um eine Bewegung oder Schwingung zu erzeugen. Diese gelenkte oder gerichtete Energie, mit der wir Bewegung und Schwingung erzeugen, nennen wir *Kraft*. Dies zu spüren, zu verstehen, zu erfahren und zu meistern, ermöglicht uns das stimmige *Verkörpern* der Lebenskräfte.

23. Lebens-Urstoff Emotion

Das stimmige Verkörpern der Lebenskräfte ist eine Zusammenfassung von allem, was getan werden muss, wenn es darum geht, das Leben zu meistern.

Und Lebensmeisterschaft erreichen wir zunächst, wenn wir durch Handlungsintelligenz und Selbständigkeit die Notwendigkeiten des Lebens und damit den Kern des Erwachsenseins erfüllen, und wir vertiefen dann unsere Lebensmeisterschaft in ihrem Grad und in ihrer Qualität, wenn wir durch tiefere Beherrschung und Dynamisierung der wichtigsten Lebensfähigkeiten, durch ein reiferes Erwachsen- und Gewachsensein also, einige, viele oder alle Lebensdimensionen verwirklichen, die das Leben wertvoll(er) und erfüllend(er) machen.

In all diesem Geschehen ragt eine menschliche Wirklichkeitsdimension *besonders* hervor: die Existenz und die Bedeutung von *Emotionen* und *Emotionalität*. Denn: Emotionen sind nicht *alles*, aber ohne Emotionen ist alles *nichts*. Ohne sie würden das Angenehme und das Unangenehme nicht existieren. Und das Angenehme und das Unangenehme bestimmen die Art und Qualität unseres Seins, erzeugen alle Motivationen und leiten daher all unser Handeln.

Woher kommen unsere Emotionen? Oder was ist ihre Quelle?

Lebendigkeit und Liebe machen unsere existenzielle *Natur* aus und ereignen sich und vibrieren immer vollständig aufgrund unseres *Ganzseins* und *Heilseins*.

Als unsere Ur-Existenzweisen sind Lebendigkeit und Liebe unser *natürlichster* und wonnigst sich *selbst* wollender Zustand.

Sind beide intakt und vollständig in ihrem Sein, so ereignet sich ungetrübtes *Wohlbehagen* oder *Glück*.

Werden beide gefährdet oder gestört, so entstehen *Angst* und womöglich *Schmerz*, wobei Angst so gut wie immer Angst *vor* physischem oder psychischem *Schmerz* ist.

Eine mildere Form von Angst ist die *Sorge*. Eine mildere Form von Schmerz ist das *Unwohlsein*.

Das Schmerz-Spektrum schließt sowohl unterschiedliche Grade von Trauer und psychischem Unwohlsein oder Unbehagen ein als auch eine Bandbreite physisch-energetischen Schmerzes.

Lebendigkeit und Liebe sind als Ur-Existenzweisen und Grundzustände des Seins der Urstoff, aus dem alle anderen energetischen Zustände, Emotionen und inneren Gefühlszustände hervorgehen, je nachdem welcher Grad von Liebe und Lebendigkeit vorhanden und spürbar existent sind oder nicht.

So ergibt sich zum Beispiel Wut, wenn sich der Liebespegel auf deutlich *weniger* als auf einem mittleren Niveau befindet und gleichzeitig der Lebendigkeitspegel sich auf deutlich *mehr* als auf einem mittleren Niveau befindet.

Ein gegensätzliches Beispiel wäre Gleichmütigkeit, die sich durch ein höheres Liebesniveau und durch ein niedrigeres Lebendigkeitsniveau ergibt.

So sind alle Emotionen auf Liebe und Lebendigkeit zurückzuführen und werden dadurch durchleuchtet und transparent.

Emotionen zu verstehen und ihre Wichtigkeit und Bedeutung für ein gelingendes und erfüllendes Leben zu erkennen, zu beachten und durch Handeln und Sein zu berücksichtigen, macht das Wesen von emotionaler Intelligenz aus. Emotionale Intelligenz ist das Erfahrungswissen über die Bedeutung (vor allem) eigener Emotionen und über einen angemessenen Umgang oder/und Sein mit ihnen.

Und wird emotionale Intelligenz mit der Fähigkeit der *Empathie* bereichert, mit der Fähigkeit nämlich, den Zustand eines *anderen* Lebewesens mehr oder weniger zu spüren, so stärkt dies unsere *Verhaltens*intelligenz.

Jeder emotionale Zustand prägt und bestimmt unser subjektives und persönliches Erleben der Wirklichkeit, manchmal leicht, manchmal deutlich und manchmal radikal.

Schwierige Emotionen hindern uns, lähmen uns, betrüben uns.

Angenehme Emotionen beglücken uns, nähren uns, beflügeln uns.

Zu einer wahren Lebensmeisterschaft gehört emotionales Wissen und Können; so wie Sauerstoff zu unseren Lungen gehört, und Wasser zu unserem Körper. Solches Wissen und Können ist der psychische Sauerstoff eines gelungenen und wertvollen Lebens.

24. Erwachsensein und Transzendenz

Emotionales Können und Wissen reichen nicht immer aus, vor allem wenn die Grenzen des Erträglichen und Machbaren für unsere organismische Existenz überschritten werden.

Und auch wenn solches Wissen unter normal erträglichen Zuständen ausreichend sein könnte, leider wird es im Bildungs- und Erziehungswesen nicht gebührend gefördert.

Emotionale Intelligenz jedoch müsste als wichtigste Eigenschaft vermittelt und verinnerlicht werden. Genauso müsste Spürvermögen vermittelt und verinnerlicht werden. Und auch Verhaltensintelligenz. Und idealerweise alle wichtigsten Lebensfähigkeiten und Meisterakte des Lebens. Von Anfang an.

Denn schon während der Kindheit, oder *vor allem* während der Kindheit, muss der Boden fruchtbar sein, damit eine Persönlichkeit Wurzeln schlagen kann. Genauso während der Pubertät und Jugendzeit.

Mit starken Wurzeln werden dann das Wachstum und die Entfaltung in die Dimensionen des Erwachsenwerdens und -seins vorangetrieben.

Über das grundsätzliche Erwachsensein hinaus, was darin besteht, dass wir für unser Leben selbstständig sorgen können und für unser Zusammensein mit anderen ein angemessenes Verhalten beherrschen, gibt es weitere, höhere und tiefere Stufen des Erwachsenseins oder Ebenen des Wachstums:

Für ein nährenderes Zusammensein. Für unterschiedliche Facetten eines befriedigenderen Erschaffens. Für ein sinnvolleres Durchdringen und Verstehen der Wirklichkeit. Für ein sichereres Erreichen persönlicher Selbstverwirklichung. Seelisch. Geistig. Körperlich.

Und nicht zuletzt – wenn dies als untrügliches Bedürfnis gespürt wird – für ein spirituell oder existenziell-transzendental wahrhaftiges Leben.

All das ist überhaupt nicht garantiert. Aber es ist möglich; und zwar um so sicherer, je überzeugender und gewisser wir die folgenden sieben Fragen mit einem klaren und ganz-organismisch gespürten *Ja* beantworten.

Kennen wir – dem menschlichen Vermögen

entsprechend – die realen Gegebenheiten und die Gesetze der gesamten und der menschlichen Wirklichkeit?

Ist unser Spüren als Kompass für alles, was wir brauchen, klar und ungetrübt?

Ist unser Verinnerlichungsgrad der wichtigsten Lebensfähigkeiten und der Meisterakte des Lebens tief genug?

Erfüllen wir alle unsere Bedürfnisse so, dass eine grundsätzliche Lebensgenährtheit erreicht wird?

Oder erreichen wir sogar eine so tiefe Lebensgenährtheit, die eine ruhende Lebenszufriedenheit und eine organismische Freiheit bedeutet?

Ereignet sich also durch all das unser Ganzsein und Heilsein zum großen Teil oder vollständig so, wie es von unserer Natur aus gedacht ist?

Werden wir dadurch in ein freies Vibrieren und Leuchten als Lebendigkeit und Liebe hineingelassen?

Epilog

Der zweifache Sinn des Lebens

Frei und unabhängig von jeder Form der Sinngebung durch eine organisierte Religion, durch eine kulturelle Normativität, durch eine politische Ideologie oder durch eine anders hergeleitete Weltanschauung, gibt es einen oder *den* Sinn des Lebens, der unanzweifelbar und selbstevident ist.

Wir sind ein organismisch-energetisches Natur- und Wirklichkeitsereignis. Wir kommen zur Welt mit in uns angelegten Wachstumspotenzialen und Entfaltungsmöglichkeiten.

Das organismisch-energetische Natur- und Wirklichkeitsereignis, das wir sind, ereignet sich dann vollständig, wenn wir unsere Möglichkeiten entfalten und unsere Potenziale verwirklichen, und wenn das Leben, das wir sind, so ausgedrückt wird, stattfindet und vibriert, wie es von Natur aus gedacht ist; ob das sich darin äußert, dass wir zum Beispiel Wasser trinken, wenn wir durstig sind, oder dass wir etwas erschaffen, wenn wir den Drang danach spüren, oder dass wir nach nährenden Beziehungen streben, wenn wir das tiefe Bedürfnis spüren, in der

Liebe zu sein, oder dass wir uns körperlich bewegen und betätigen wollen, oder dass wir bei einem gesättigt zufriedenem Erleben einfach nur verweilen und sein wollen, oder, oder, oder...

Der erste und *unanzweifelbare* Sinn des Lebens ist das *Leben selbst* und sein *Gelebtwerden* in allen seinen Facetten, Bereichen und Dimensionen.

Wenn das Leben, das wir sind, *nicht* so gelebt wird, wie es von Natur aus und von der gesetzvollen Wirklichkeit aus gedacht ist, dann waltet in uns eine innere *Unruhe*, die die unterschiedlichsten Formen von Unzufriedenheit, Gestörtheit und Krankhaftigkeit annehmen kann.

Natürlich gibt es für jeden Menschen immer einen zusätzlichen Sinn im Leben oder sogar mehr als nur einen zusätzlichen, wenn damit eine bestimmte Aufgabe oder Begabung oder Erfüllung in einem bestimmten Bereich verbunden wird. Jedoch auch in diesem Fall ist ein solcher zusätzlicher Lebenssinn ein Teil des Gelebtwerden-Wollens des Lebens der jeweiligen bestimmten Person.

Wenn ich nun von einem wahrhaft anderen *zweiten* Sinn des Lebens spreche, nämlich von der Realisation des *göttlich durchdrungenen Lebens*, das *deshalb* das *Attraktivste* ist, weil es *Nahrung* an sich, *Fülle* an sich und *Liebe* an sich ist, so ist das eine *offene* Aussage, weil ein solches Leben *nicht allen* zugänglich ist, oder weil es für viele eine bloß träumerische und illusionäre *Phantasterei* bedeutet.

Mit ‚göttlich' ist hier nichts weniger als das innerste, freieste, nährendste, omnipräsente und alles umfassende, durchdringende und seiende *Wesen* der bedingungslosen *Wirklichkeit* gemeint, *frei* von Religionen und spirituellen Doktrinen, und gegeben von *sich selbst*.

In der hier gemeinten Bedeutung von ‚göttlich' also stellt ein göttlich durchdrungenes und genährtes Leben den *möglichen* zweiten Sinn des Lebens dar; den möglichen und *nicht sicheren* Sinn des Lebens, weil er auch für all diejenigen, die ein wahrhaft genuines, ungetrübtes und illusionsfreies Bedürfnis danach spüren, nicht leicht zu erfüllen ist. Sehr oft liegt das einerseits an *fehlendem Wissen*, andererseits wiederum an einer starken und kontraproduktiven *kulturellen Konditionierung*.

Die in diesem Buch skizzierte, dargestellte und entschlüsselte Lebensmeisterschaft enthält das grundsätzliche und entscheidende Wissen, um sowohl den einen *als auch den anderen* Sinn des Lebens anzugehen und zu *erfüllen*.

Glossar

Aktualisierungstendenz: der innewohnende Drang, das, was von Natur aus in uns angelegt ist, so zu entfalten, zu realisieren und zu sein, wie es von der naturgesetzlichen Wirklichkeit berührt, genährt und dynamisiert wird.

Äquilibrium: der Zustand des Gleichgewichts (lateinisch: aequi = gleich + libra = Gewicht).

Aufmerksamkeit: gerichtetes Bewusstsein.

Aufmerksamkeitsintelligenz: das Erfahrungswissen über die Bewegungsursachen und über die Genährtheitsquellen der eigenen Aufmerksamkeit.

authentisch: dem gespürt Wirklichen zugehörig.

Authentizität: die Seinsweise, die aus der jeweiligen gespürten Wirklichkeit all dessen resultiert, was sich natürlich und ungehindert als unsere gesamte Organismizität ausdrückt: als das „Universum" des Energieflusses des immerwährenden Zyklus von Sein-Spüren-Brauchen-Bekommen-Werden-Sein...

autonom: frei und unabhängig, nach eigenen

Prinzipien und Gesetzen zu sein, zu entscheiden und zu handeln.

Autonomie: die Freiheit und Unabhängigkeit, nach eigenen Prinzipien und Gesetzen zu sein, zu entscheiden und zu handeln.

Bedürfnis: das Empfinden eines Mangelzustandes und einer damit einhergehenden Unruhe und einer gleichzeitigen Gerichtetheit auf die Beseitigung dieses Mangels.

beenden: das Ende einer Existenz oder eines Geschehens verursachen.

Befriedigung: aus der Erfüllung eines Bedürfnisses heraus entstandener und euphorisch sättigender Zustand einer Person oder eines anderen Lebewesens.

bodenständig: fest verwurzelt in der Intelligenz der Gesetze der Wirklichkeit und damit auch des Lebens.

Bodenständigkeit: feste Verwurzelung in der Intelligenz der Gesetze der Wirklichkeit und damit auch des Lebens.

brauchen: einen Mangelzustand empfinden und eine damit einhergehende Unruhe und eine gleichzeitige Gerichtetheit auf die Beseitigung dieses Mangels.

Emotion (1): ein mehr oder weniger angenehmes oder unangenehmes kraftvolles Gefühl.

Emotion (2): innerer energiegeladener Raum, der aus einem/einer bekannten oder unbekannten Grund/Ursache resultiert, und der, je nach Anteilen und der Art von Erregtheit, Trägheit und Ruhe, eine bestimmte Gestimmtheit/Beschaffenheit der Seinsweise oder/und der Aktivitäts- und Verhaltensbereitschaft eines wertungsfähigen Lebewesens ergibt.

Emotion (3): die mehr oder weniger angenehme oder unangenehme Qualität oder innere existenzielle Atmosphäre des Gefühlszustands eines Lebewesens.

emotionale Intelligenz: das Erfahrungswissen über die Bedeutung (vor allem) eigener Emotionen und über einen angemessenen Umgang oder/und Sein mit ihnen.

Empathie: die Fähigkeit, den Zustand eines anderen Lebewesens mehr oder weniger zu spüren.

empfinden (1): durch die Sinne oder durch eine innere Energie berührt oder erfüllt werden.

empfinden (2): eine energetische Anordnungsweise oder -transformation psychisch oder/ und physisch merken.

entscheiden: etwas bestimmen oder die Art und Weise seines Seins oder/und Geschehens verursachen.

entscheiden, sich: sich festlegen auf eine von zwei oder mehreren Erfüllungsmöglichkeiten eines Bedürfnisses oder einer Notwendigkeit.

Entspanntheit: das Freisein von Gehaltenheit und Gedrücktheit des inneren Energieflusses und -zustands.

Entspannung: das Freiwerden des inneren Energieflusses von Gehaltenheit und Gedrücktheit.

Entspannungsintelligenz: das Erfahrungswissen über die unterschiedlichen Dimensionen und die entsprechenden Erfüllungsprozesse (a) der eigenen Genährtheit und (b) der realen Lebensnotwendigkeiten.

Erfahrung: bewusstes Spüren und Erleben durch organismisches Berührtwerden von dem Dasein, dem Vibrieren und der Bewegung der Wirklichkeit.

Erfolg: das gute oder/und wertvolle Ergebnis einer Aktivität oder eines Prozesses.

erfolgreich: die einen Erfolg herbeiführende Eigenschaft einer Aktivität oder eines Prozesses.

erfüllen: die Bedingung für ein Geschehen oder für ein Existieren vollständig verursachen.

erfüllt: mit etwas voll sein.

Erfüllung (1): das Existieren von etwas, nachdem die Bedingungen dafür verursacht wurden.

Erfüllung (2): emotionale Genährtheit.

Ergebnis: das, was als direkte und ausschließliche Folge von etwas da ist oder geschieht, was vorher da ist oder geschieht.

Erleuchtung (1): spontan entstehender Inhalt des Wissens, Erkennens, Verstehens oder Denkens.

Erleuchtung (2): ganzheitliche Klarheit.

Erleuchtung (3): ganzheitliches Klar-, Befreit- und Genährtwerden durch das seiende Realisieren des Wesens der Wirklichkeit.

erreichen (1): durch Bewegung oder/und durch einen Prozess an einem Ort oder Zeitpunkt ankommen.

erreichen (2): etwas durch Sein oder Tun zur Existenz bringen.

erschaffen (1): etwas zur stofflichen Existenz bringen.

erschaffen (2): etwas durch Sein oder Tun zur Existenz bringen.

erspüren: im frei zugelassenen Bewusstsein feiner oder am feinsten spüren.

Erwachsene(r): eine vollständig gewachsene, im Leben selbstständige und für das eigene Handeln verantwortliche Person.

Ethik: die Gesamtheit aller Gesetze und Regeln, die das menschliche Handeln und Verhalten im Zusammensein mit anderen bestimmen.

Fähigkeit: das körperliche oder/und geistige oder/und seelische Wissen verkörpern, und die Kraft haben, etwas zu tun oder zu sein.

Fähigsein: die Fähigkeit haben.

Familie (1): eine Gruppe von Lebewesen, die aus biologischen oder anderen wichtigen Gründen ein sich nährendes Ganzes bilden.

Familie (2): Gruppe.

Fertigkeit: ein höherer oder sehr hoher Grad einer Fähigkeit zu etwas.

frei: die Eigenschaft des Gefühlszustands, in dem wir keine inneren oder äußeren Zwänge und/oder Begrenzungen oder Einschränkungen und/oder Notwendigkeiten spüren.

Freiheit: der Gefühlszustand, in dem wir keine inneren oder äußeren Zwänge und/oder Begrenzungen oder Einschränkungen und/oder Notwendigkeiten spüren.

Freiheit, organismische: der Zustand, in dem wir als freies Selbst existieren und die ungehinderte Realisierung unserer Aktualisierungstendenz spüren.

freiwillig: den eigenen und freien Willen betreffend.

Freude: innerlich empfundene euphorische Energie.

Freundschaft: eine Vertrauen, Zuneigung und Liebe zueinander enthaltende Beziehung zwischen zwei Menschen.

ganz (1): die Eigenschaft so zu sein, dass alles für die eigene Existenz Notwendige da ist und nichts fehlt.

ganz (2): die Eigenschaft, in der etwas in der Vollständigkeit und Ungeteiltheit seiner Natur und Existenzbestimmung existiert.

ganz (3): die Eigenschaft von dem hohen oder höchsten Grad von etwas.

Ganzes (1): etwas, bei dem nichts für die eigene Existenz Notwendiges fehlt.

Ganzes (2): etwas, das in der Vollständigkeit und Ungeteiltheit seiner Natur und Existenzbestimmung existiert.

ganzheitlich: auf ein Ganzes oder auf das Ganze von etwas bezogen.

Ganzsein: in der Vollständigkeit und Ungeteiltheit der eigenen Natur und Existenzbestimmung existieren.

Gefühl (1): der empfundene oder gespürte innere Zustand einer Person oder eines anderen Lebewesens.

Gefühl (2): Fähigkeit des fühlenden Wahrnehmens und Erkennens.

Gefühlsvermögen: die Fähigkeit des Fühlens.

Gesetze, menschliche: durch Natur oder/und

Menschen entschiedene und festgelegte und alle Beteiligte bindende Art und Weise des Verhaltens.

Gesetze der Natur oder Wirklichkeit: die unveränderliche Art und Weise, wie etwas existiert und wie es sich verhält.

Gespür: Fähigkeit des feineren und tieferen fühlenden Wahrnehmens und Erkennens von etwas, was nicht direkt oder leicht wahrnehmbar und erkennbar ist.

Glück (1): der mit einem hohen oder höchsten Grad von Zufriedenheit und Euphorie erfüllte Gefühlszustand.

Glück (2): gute oder richtige Bedingungen für etwas.

Intelligenz (1): natürlich abrufbares gespeichertes Wissen gepaart mit der Fähigkeit des Durchschauens, Verstehens, Herausfindens, Erlernens, Wissens von etwas Neuem für sich und in seinen möglichen Beziehungen zu Anderem.

Intelligenz (2): Wissen oder/und Informationen oder/und Kenntnisse.

Kommunikation: das Geschehen, in dem Informationen zwischen empfindungs- und kognitionsfähigen Lebewesen gesendet oder/und empfangen werden.

kommunikative Intelligenz: das Erfahrungswissen und das darauf gründende Fähigsein, angemessen und effektiv zu kommunizieren und mit Kommuniziertem umzugehen.

Kontrolle (1): das Bestimmen von etwas.

Kontrolle (2): das Verursachen der Seinsweise oder des Geschehens von etwas.

Kontrolle (3): das Kontrollieren der Existenz- oder Geschehensweise von etwas.

kontrollieren (1): etwas bestimmen.

kontrollieren (2): die Seinsweise oder das Geschehen von etwas verursachen.

kontrollieren (3): darauf achten, wie etwas existiert oder geschieht.

Kybernetik: die Wissenschaft des Steuerns oder

Lenkens (griechisch: kyberno = steuern, navigieren; sanskrit: kubara = Lenkrad eines Bewegungsmittels).

lenken: die Richtung der Bewegung von etwas verursachen.

Lernen: der Prozess oder die Erfahrung, der/die zu neuem Wissen oder/und Sein führt.

Lernen, autotelisches: Lernaktivität, die selbst schon das Ziel oder/und die Erfüllung ihres Stattfindens ist.

Lernen, organismisches: durch die gesamt-organismische Intelligenz gesteuerte und durch gesamt-organismische Erfahrung generierte Wissens- oder/und Seinsveränderung.

Lernintelligenz (1): das meisterhafte Wissen darüber, wie Lernen funktioniert.

Lernintelligenz (2): die Fähigkeit zu (1) dem ganzheitlichen Erkennen, Wahrnehmen, Fühlen und Verstehen (1.1) der eigenen authentischen Motivation, (1.2) der authentischen Wirklichkeit und (1.3) des Verhältnisses der eigenen authentischen

Motivation zur authentischen Wirklichkeit, (2) dem vollständigen Entwerfen einer lebendigen Strategie zur Harmonisierung dieses Verhältnisses und (3) dem unerschütterlichen Vollziehen der entworfenen Strategie.

Lernkybernetik: die äquilibrische Steuerung der sicheren Richtung des Lerngeschehens.

Lernziel: der durch einen Lernprozess zu erreichende neue Wissens- und/oder Seinszustand.

lesen: den Inhalt eines Textes durch Verstehen erleben.

Liebe (1): Zuneigung zu etwas, was angenehm ist.

Liebe (2): auf jemanden oder etwas bezogene oder bezugslose (1) bedingungslose, (2) das eigene Ich beinhaltende, nährende und auflösende, (3) grundexistenziell-wonnige und „unerträglich" glückselige Bejahungsunendlichkeit.

lieben, in Liebe sein: innerhalb, durchdrungen und genährt von Liebe sein.

MeisterIn: eine Person mit einer vollständigen

oder sehr hohen Fähigkeit in etwas.

meisterhaft: wie ein/e MeisterIn.

meistern (1): etwas Schwieriges können oder zu Ende bringen.

meistern (2): etwas unter Kontrolle halten.

Meisterschaft: die vollständige oder sehr hohe Fähigkeit in etwas.

Motivation: ein Gefühlszustand, in dem eine bewegende Kraft (ausgehend von einer Motiviertheit) zu etwas hin empfunden wird.

motivationale Intelligenz: (a) das Erfahrungswissen über die eigenen Bedürfnisse und (b) das Gespür für die realen Lebensnotwendigkeiten gepaart mit (c) der Fähigkeit zur Erfüllung beider.

Motiviertheit: das Empfinden einer bedürfnisgenerierten Unruhe.

Ordnung (1): die Art und Weise des zufälligen oder zweckvollen Eingerichtetseins von etwas.

Ordnung (2): die von einem bestimmten System erforderliche Zusammensetzung und Einrichtung eines oder mehrerer Elemente.

Ordnung (3): der angemessene Zustand.

Organ: ein in sich vollständiger, integrierter und eine bestimmte Funktion erfüllender Teil eines Lebewesens.

Organisation (1): der Akt des Organisierens oder/und ein organisierendes Geschehen oder der Zustand der Organisiertheit.

Organisation (2): eine Gruppe von Lebewesen, die so miteinander in Beziehung stehen und handeln, dass ein bestimmter Zweck erfüllt oder ein bestimmtes Ziel erreicht wird.

organisieren: ein System in solch eine günstige zusammenhängende Anordnung bringen, dass dieses System eine fließende Funktionalität oder alle Eigenschaften eines gesunden lebendigen Organismus besitzt, damit ein bestimmter Zweck erfüllt oder ein bestimmtes Ziel erreicht wird.

Pragmatismus: die Fähigkeit oder/und Art und

Weise, sich an realen Situationen zu orientieren und an dem Wissen, wie diese zum Erfolg führen können, wenn Probleme zu lösen oder Ziele zu erreichen sind.

praktizieren: etwas länger und wiederholt tun, um darin besser oder sehr gut zu werden.

priorisieren: die Stufen eines mehrstufigen Geschehens oder die einzelnen Elemente einer Liste hinsichtlich ihres Vorrangs auflisten.

Priorität: Vorrang vor etwas anderem.

Problem: kleiner bis hoher Grad der Störung des Geschehens oder Existierens von etwas.

rational: die Eigenschaft oder/und Fähigkeit des folgerichtigen Begründens besitzend.

Rationalität: die Eigenschaft oder/und Fähigkeit des folgerichtigen Begründens.
real: alles, was existiert.

realisieren (1): erkennen.

realisieren (2): verwirklichen.

Realismus: die Fähigkeit oder/und Art und Weise, die Dinge so wahrzunehmen, wie sie wirklich sind, ohne beeinflusst zu werden und zu sein von Glauben, Wunschdenken, Unklarheit und Hoffnung.

Realität: die Gesamtheit von allem, was existiert.

rechnen: herausfinden, wie viel etwas ist, wenn es verglichen wird mit etwas seiner Art.

rechtschreiben: Wörter in der Buchstabenreihenfolge schreiben, aus der sie bestehen.

Regel: menschlich entschiedene und festgelegte und alle Beteiligte bindende Art und Weise des Verhaltens.

selbstständig: unabhängig von anderen sein (1) in der Art zu leben und zu existieren und darin (2), alle notwendigen Ressourcen für das Leben zu verursachen.

Selbstständigkeit: das Unabhängigsein von anderen (1) in der Art zu leben und zu existieren und darin (2), alle notwendigen Ressourcen für das Leben zu verursachen.

Sinn (1): mit einem Organ eines Lebewesens verbundene Fähigkeit des Empfindens und Wahrnehmens.

Sinn (2): Bedeutung oder Inhalt von etwas.

Sinn (3): Ziel oder Zweck von etwas.

Sinn des Lebens (1): der Zweck des Lebens selbst.

Sinn des Lebens (2): der Zweck eines individuellen Lebens anhand des eigenen Entwurfs.

Sinn des Lebens (3): der Zweck eines individuellen Lebens anhand der eigenen Aktualisierungstendenz.

Sinn des Lebens (4): der dem Leben innewohnende Zweck des Entfaltens und Realisierens oder Verwirklichens der das Leben ausmachenden Kräfte und Anlagen innerhalb und als Ausdruck und Ereignis der möglichst ganzheitlichen reinen Realität.

Sprachintelligenz: das Beherrschen angemessener Wörter und Ausdrucksformen zum Beschreiben von Inhalten des Wahrnehmens, Fühlens, Erlebens, Denkens und Wissens.

verändern: die Veränderung von etwas verursachen.

Veränderung (1): der Prozess, durch den etwas anders wird.

Veränderung (2): der Prozess, durch den etwas in seiner Form oder/und Beschaffenheit oder/und Quantität oder/und Eingerichtetheit anders oder zeitlich neu wird.

Veränderung (3): quantitative oder/und qualitative Umwandlung oder Transformation energetischer Anordnungen oder manifestierter Konfigurationen.

verantwortlich: zuständig sein für etwas, wofür jemandem die Urheberschaft natürlicherweise gehört oder durch andere Festlegungen zugehörig ist.

Verantwortung: die natürliche oder anders festgelegte Zuständigkeit für etwas, also die berechtigende und verpflichtende Urheberschaft für etwas.

Verhalten: die Art und Weise des Seins und Handelns im Allgemeinen und im Zusammensein mit anderen.

Verhaltensintelligenz: das Wissen und die Fähigkeit des angemessenen Seins und Handelns im Allgemeinen und im Zusammensein mit anderen.

Verstehen: das Wahrnehmen oder/und Empfinden oder/und Werden der Identität, der Bedeutung, des Inhalts oder/und des Wesens von etwas.

wahr (1): alles, was wirklich ist.

wahr (2): alles, was mit der Wirklichkeit übereinstimmt.

Wahrheit (1): eine Eigenschaft des Wirklichen.

Wahrheit (2): die Übereinstimmung einer Information oder eines Geschehens mit der Wirklichkeit.

wichtig: etwas, das für ein Lebewesen oder einen Prozess oder Sachverhalt Wichtigkeit besitzt.

Wichtigkeit: die Beschaffenheit oder/und Qualität von etwas, bestimmt durch den Grad, zu dem es ein Bedürfnis oder eine Notwendigkeit erfüllt.

Wille: die gerichtete Gesamtkraft, die ein Lebewesen zu einer Existenz- oder/und Seinsweise oder/und zu einer wirksamen Handlung antreibt, und aus allen jeweiligen Bedürfnissen heraus entsteht.

Wissen (1): natürlich abrufbare und zu-etwas-befähigende lebendige Information oder Gesamtheit von Informationen.

Wissen (2): die Gesamtheit von allem, was ein Lebewesen gelernt oder/und erlebt hat.

Wissenschaft: der „Erschaffung" oder/und Entdeckung von wahrem Wissen gewidmete Tätigkeit.

wissenschaftlich: alles, was der „Erschaffung" oder/und Entdeckung von wahrem Wissen gewidmet ist und dient.

wollen: Motiviertheitsenergie zur Erfüllung eines Bedürfnisses spüren.

Wollen, wahres: wirkliches Wollen, das handlungswirksam ist. Wir können es nicht spüren und gleichzeitig passiv und tatenlos bleiben. Das wahre Wollen erkennen wir an der Unruhe. Wenn ich etwas wirklich will, dann erkenne ich das daran, dass ich unruhig werde, wenn ich das Gewollte noch nicht habe oder bin. So unruhig, dass ich mich automatisch dem Bewegungsdrang hingebe, der das notwendige Handeln generiert, das mich zum Gewollten führt.

Zeit: die „Länge" des Existierens von etwas oder die „Länge" eines Geschehens.

Ziel: der Endzustand oder -ort einer Bewegung oder Handlung.

Zufriedenheit: der Zustand und das Gefühl der Genährtheit, der Ruhe, des Ganzseins und der Freiheit.

Zuneigung: der Gefühlszustand, zu etwas näher kommen zu wollen oder bei etwas sein zu wollen.

zusammen: innerhalb der Anwesenheit oder des Raums einer oder mehrerer Personen oder Wesenheiten oder Dinge sein.

Zusammensein: innerhalb der Anwesenheit oder

des Raums einer oder mehrerer Personen oder Wesenheiten oder eines oder mehrerer Lebewesen oder Dinge so sein, oder so damit verbunden sein, dass anstatt des Alleinseins das spürbare Teilsein eines größeren Ganzen entsteht oder da ist.

Zweck: das Ziel einer Handlung oder eines Geschehens oder eines Prozesses.

Zitatnachweise

In der Reihenfolge, in der die Zitate im Buch erscheinen

----

09   *Menschen spüren zuerst:* Vico (1948), 70

29   *Wir hatten kein:* Magee (2014), 111

77   *Zwischen Ziel und:* Aristoteles (ca. 330 v.

Chr.), Kapitel 1

100 *Durch organismisches:* Rogers (1998), 124

127 *Jedes Wesen hat:* Langer (2007), 19-20

151 *Wir leben als die:* Willemsen (2006), 34

175 *Mein Leben ist:* Jung (1961), 10

201 *Wir sind in der Ausbildung:* Roth (2019), 297

227 *Nicht alles ist:* Dreyfus/Kelly (2015), 325

251 *Yoga ist:* Nityananda (1996), 219

Literaturquellen

Aristoteles, *Nikomachische Ethik*, Athen, ca. 330 v. Chr.

Dreyfus/Kelly, *Alles, was leuchtet*, Berlin 2015.

Jung, Carl Gustav, *Erinnerungen, Träume, Gedanken*, Zürich, Düsseldorf 1961.

Langer, Inghard, *Die Person als Mittelpunkt der Wirklichkeit*, Lernintelligenz-Magazin, Nr.3, Hamburg 2007.

Magee, Bryan, *Ultimate Questions*, Woodstock, Oxfordshire 2016.

Nityananda, (1897-1961), *The Sky Of The Heart*, Portland, Oregon 1996.

Rogers, Carl R., *Entwicklung der Persönlichkeit*, Stuttgart 1998.

Roth, Gerhard, *Warum es so schwierig ist, sich und andere zu ändern*, Stuttgart 2019.

Vico, Giambattista, *Die neue Wissenschaft (The New Science)*, Ithaca, New York 1948.

Willemsen, Roger, *Wer wir waren*, Frankfurt am Main 2006.

Weitere Veröffentlichungen

von Ioannis Tzivanakis

IOANNIS TZIVANAKIS

WORTSCHATZ DES LEBENS

ITV

Lebens-
fähigkeiten-
Meisterschaft

IOANNIS TZIVANAKIS

IOANNIS TZIVANAKIS

SCHULASTHENIE

ITV

ADHS
ENTSCHLÜSSELT

IOANNIS TZIVANAKIS

DIE QUELLEN VON ADHS & IHRE
TRANSFORMATIVE KRAFT

ITV

Ioannis Tzivanakis Verlag, Hamburg 2022.

Printed in Germany.

ISBN 978-3-940493-38-5

www.lebensmeisterschaftentschlüsselt.com

Bibliografische Information der Deutschen Nationalbibliothek:
Die Deutsche Nationalbibliothek verzeichnet diese Publikation
in der Deutschen Nationalbibliografie; detaillierte bibliografische Daten sind im Internet über www.dnb.de abrufbar.

Über den Autor

Ioannis Tzivanakis studierte Linguistik und Sprachphilosophie an der Universität Bremen. Seine Schwerpunkte waren *Semantik*, *Bewusstseinsforschung* und *Ganzheitlichkeit*.

Seit 1996 arbeitet er als Ausbilder, Coach und Berater in den Bereichen *Lebensmeisterschaft, Lebensfähigkeiten, Spiritualität, Lernintelligenz* und *ADHS* sowohl in Deutschland als auch weltweit.

2006 und 2007 gab er vier Ausgaben des *Lernintelligenz-Magazins* heraus zu den Themen *Lerngrundlagen, Lernintelligenz, Management* und *Spiritualität*.

Schon veröffentlicht sind seine Bücher „Schulasthenie" (2013), „ADHS entschlüsselt" (2018), „Wortschatz des Lebens" (2021) und „Lebensfähigkeiten-Meisterschaft" (2022).

Mehr Informationen zu seinen Programmen, Kursen, Seminaren und Coaching-Bereichen finden Sie unter:

www.tzivanakis.de